우리 책과
한국 현대사 이야기

우리 책과 한국 현대사 이야기 개정판

책은 어떻게
지금의 우리를
만들었나

부길만 지음

유아이북스

일러두기

* 책에 등장하는 출판물의 경우 단행본이나 서적 등은 겹낫표(『』)로, 잡지나 신문 등의
  경우는 겹화살괄호(《》)로 표기하였습니다.

놀라운 역사를 보여준
현대 한국 출판

이 책은 20세기 한국 출판을 역사적으로 살피고 이야기 형식으로 풀어쓴 것입니다. 우리의 20세기는 온갖 악조건과 고난을 극복하고 위대한 역사를 일구어낸 놀라운 세기입니다. 20세기 초엽부터 노골화된 외세의 침탈과 국권 상실, 국토 분단, 민족상잔의 비극, 극도의 빈곤, 군사정변, 독재정부라는 최악의 시대 상황 속에서도 대한민국은 급속한 산업화를 통하여 비약적으로 경제를 발전시켰고, 학생과 시민들의 힘으로 민주주의를 이룩했으며, 최근에는 우리의 예능을 전 세계에 널리 펼치고 있습니다.

이러한 국력의 신장은 교육과 출판을 통하여 국민들의 의식을 확장하고 고양시켰기 때문이라고 생각합니다. 학교 교육, 가정 교육, 사회 교육 등 교육의 마디마디에서 출판은 핵심적인 매개체로서 중차대한 역할을 수행해 왔습니다. 국가의 발전과 함께 출판 산업도 크게 발전하였습니다. 해방 이후 교육인구의 지속적인 증가와 함께 도서 소비도 계속 늘어나 1980년대에 들어와서는 100만 부 이상 팔리는 밀리언셀러가 등장할 정도로 출판시장도 크게 확장되었습니다. 신간 발행종수 역시 꾸준히 증가하여, 1950년대에 2,000종에도 미치지 못하던 것이 1979년 1만 종을 넘어섬으로써 한국은 도서발행량에서 세계 10위권에 속하는 출판대국으로 부상하였습니다.

이 책에서는 이러한 출판의 변화 발전 과정을 일제강점기부터 1970년대까지 다양한 이야기로 풀어 나가고자 합니다. 일제의 악독한 탄압에도 굴하지 않고 저항한 출판인들, 이때 나온 금서들, 일제강점기에도 우리말과 글을 지켜낸 한글학자들의 의지와 용기, 해방공간에 홍수처럼 터져 나온 우리말 서적들, 전쟁 후의 국가 재건, 산업화, 민주화에 앞장선 출판문화계 활동, 성향이 다른 베스트셀러 작가들, 이광수와 최남선, 최인호와 황석영 등 이야깃거리가 많습니다.

놀라운 역사를 보여주는 현대 한국 출판의 뿌리는 찬란한 출판문화를 이룩한 한민족의 전통에 있습니다. 따라서 팔만대장경 조성, 금속활자 발명, 한글 창제, 조선왕조실록, 학문 숭상 등이 보여주는 한민족의 문화적 전통을 출판 이야기에서 생략해서는 안 될 것입니다. 여기에 대한 이야기, 즉 고려시대부터 20세기 초엽에 이르는 출판의 다양한 모습들은 이 책의 자매편에 해당하는 『우리 책과 한국사 이야기』에 담아 놓았습니다.

『우리 책과 한국 현대사 이야기』에 실린 내용들은 필자가 2012년 가을부터 2019년 겨울까지 7년 동안 계간 《시와 문화》에 연재한 글들을 다시 정리한 것입니다. 이 책의 시대 구분은 편의상 일제강점기

와 해방 이후의 두 시기로 나누고, 해방 이후는 다시 미군정기, 제1
공화국 시기(정부 수립 이후부터 1950년대), 1960년대, 1970년대로 세
분합니다. 그리고 각 시기 안에서 주제별로 서술합니다.

이 책이 근현대 시기의 한국과 우리 출판을 새롭게 인식하는 데
도움이 되었으면 합니다. 아울러 이러한 인식이 21세기에 들어와 정
체 현상을 벗어나지 못하고 있는 우리의 출판 상황을 극복할 수 있
는 대안 마련에 보탬이 되기를 기대합니다.

2021년 12월

부 길 만

차례

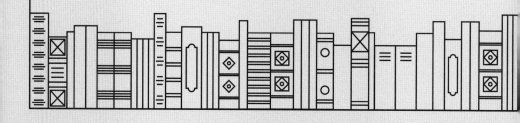

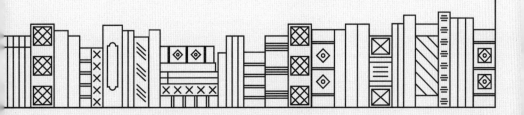

제2부 해방 이후 출판

제1장 미군정기의 출판

제2장 제1공화국 시기 출판

제3장 1960년대 출판

제4장 1970년대 출판

제 **1** 부

일제강점기 출판

우리 책과 한국 현대사 이야기

제1장 일본의 지배와 지식인의 대응

Q 한국은 왜 일본의 식민지가 되었나요?

한국은 일본에 문화를 전수해 주었고, 조선 전기까지만 해도 일인 들이 한국에 와서 팔만대장경을 달라고 떼를 쓰곤 했습니다. 임진왜 란 때에도 조총을 앞세운 일본 군대가 조선 군대를 치고 북쪽으로 밀고 갔지만, 이순신의 해군과 화포를 통하여 왜적을 물리칠 수 있 었습니다. 그러나, 임진왜란 이후 문화와 기술 수준의 역전이 시작됩 니다. 19세기 말엽에는 국력의 차이가 커져 일본은 세계 열강과 식 민지 쟁탈전을 벌이는 반면, 한국은 열강들이 노리는 먹잇감이 되고 말았습니다. 결국 식민지가 된 것은 우리의 국력이 터무니없이 약했 기 때문일 것입니다.

그러나 국력이 미약했던 나라가 모두 식민지가 된 것은 아닙니다. 예를 들면 태국은 내부의 단결과 세력균형 외교를 통하여 어느 나라 의 식민지도 되지 않았습니다. 19세기의 한국은 태국과 반대로 세력 균형을 모색하는 외교력을 발휘하기는커녕 무능하고 부패로 일관한 정부와 내부의 분파 간 권력다툼 속에서 국토를 열강들의 전쟁터로 만들더니, 그 전쟁의 승리자에게 국권을 뺏기는 치욕의 역사를 만들어낸 것입니다.

하긴, 이런 치욕이 우리 역사에서 처음은 아닙니다. 17세기 중국의 왕조 교체기에 명나라와 청나라 사이에서 세력 균형을 추진하여 국가의 안전을 지켜내고 있던 광해군을 쿠데타로 몰아낸 인조반정의 무리들은 명나라 추종 정책으로 화를 자초하여 청나라에 수치스런 항복을 하고 나라를 망쳐 놓은 역사가 있지요. 그러나, 20세기 초 국권의 상실은 왕실과 일부 관료 집단이 스스로 일본에 나라를 갖다 바친 꼴이니 더 부끄러운 역사입니다. 한일합방의 조건으로 왕실의 보호를 내걸었으니 한심한 처사가 아닐 수 없지요. 그래서 나라를 망친 친일 관료들과 왕실은 일본의 보호 속에서 물질적으로 호사스런 삶을 유지할 수 있었지요. 이완용을 비롯한 친일파 대신들은 한일합방을 강제로 성사시킨 후, 일본 정부로부터 귀족 칭호와 함께 엄청난 보수와 막대한 토지를 받았지요. 이것은 왕실도 마찬가지입니다. 한 예를 들면, 1907년 황태자로 책봉된 후 일본에 인질로 끌려간 이은은 일제로부터 해마다 40만 엔을 받았던 부자였다는 사실이 밝혀졌습니다. 당시 일본 총리 연봉이 8,000~1만 엔, 왕족이 3만 8,000~11만 엔이었다고 하니 어마어마한 액수임을 짐작할 수 있습니다. 이은과 결혼한 마사코 역시 일본 황실의 일방적인 조처에 따른 희생양이 아니라 실제로는 그의 모친이 이은의 재산을 보고 적극적으로 밀어붙인 결과였다고 합니다(송우혜, 2012).

하긴 이런 이야기들이 옛날 이야기만은 아니라는 데에 문제가 있습니다. 경제전쟁 시대인 지금도 국민 전체를 위한 실사구시의 관점이 아니라 이념을 내세워 당파적인 이권을 챙기려는 작태를 우리들은 보고 있습니다.

물론 지금은 구한말과는 판이한 상황입니다. 당시는 지배층의 부패와 탐욕을 제어할 수 있는 민중세력의 힘이 미약했습니다. 동학농민군이 썩은 지배층을 응징하고 사회를 개혁하고자 일어섰지만, 외국 군대의 개입으로 실패하고 말았던 역사를 우리는 알고 있습니다. 그러나, 지금은 무능하거나 부패한 정권을 국민의 힘으로 얼마든지 갈아치울 수 있는 시대이기에, 항상 새로운 희망 속에서 살아갈 수 있다고 생각합니다. 이것은 그만큼 국민적 자각이 중요해졌다는 의미입니다. 여기에서 지식인의 역할을 새삼 돌아보게 됩니다. 그리고 일제시기에 우리 지식인들은 어떻게 행동했는지 궁금해집니다.

일본의 지배에 대하여 지식인들은 어떻게 대응했나요?

국권을 강탈당하는 시기에 우리 지식인들은 당연히 분노하고 저항하며 대책을 모색했습니다. 구체적인 대응 방식은 사람마다 달랐는데, 대략 다섯 가지로 말할 수 있겠습니다.

첫째, 가장 극단적인 방법은 스스로 목숨을 끊어 항의하는 일이었습니다. 대표적인 인물이 매천 황현 선생이었지요. 그는 독약을 마시고 자결하며 이렇게 말했습니다. "내가 죽어야 할 의무는 없지만, 나라가 선비를 기른 지 500년에, 나라가 망하는 날, 한 사람도 죽는 사람이 없어서야 어찌 슬프지 않겠는가." 황현은 『매천야록』을 남겨 지금도 그의 굳건했던 역사의식을 느끼게 해 줍니다.

매천 황현

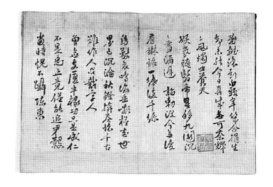
『매천야록』

또한, 금산 군수로 벽초 홍명희의 부친이었던 홍범식도 후손들에게 "잃어버린 나라를 찾아야 한다"라는 유언을 남기고 자살했습니다. 그 외에 주러시아 공사 이범진, 승지 이만도, 참판 송도순 그리고 이름 없는 많은 유생들이 일제에 항거하여 스스로 목숨을 던졌습니다. 당시 이러한 자결은 물론 현실 회피가 아니라 민족의식을 깨우는 적극적인 각성제로 작용했습니다.

둘째, 해외로 나가 독립운동을 하거나 힘을 기르고자 했습니다. 우선, 만주로 망명했던 유학자들의 활동을 들 수 있습니다. 이들은 망명지에서 독립운동 근거지를 만들고자 했습니다. 대표적인 인물로 이상설과 이회영을 다음에 소개하고자 합니다(이덕일, 2012).

이상설   이회영

　이상설은 구한말 의정부 참찬을 지냈던 인물인데, 을사늑약이 체
결되자 자살을 시도했으나 실패하고 국외 독립운동 근거지 건설에
나서기로 결심한 후 1906년 만주로 망명한 인물입니다. 이회영은 선
조 때 영의정 이항복의 후손으로, 부친이 이조판서를 지낸 명문가
출신인데, 일제에 대항하기 위한 비밀결사인 신민회의 산실이었던
상동 청년학원에서 학감(學監)으로 근무했던 인물입니다. 이 두 사람
은 해외에서 만나 국내에 비밀결사를 조직하고, 만주에 독립운동 근
거지와 광복군 양성 기지를 만들자는 운동방침을 정했습니다. 이후
다양한 운동 노선이 나오지만 한국 독립운동의 방략은 대체로 이
틀 안에서 진행되었다고 합니다. 즉, 국외 독립운동 근거지 건설론은
망명정부 수립으로 이어지고, 광복군 양성이 독립전쟁론으로 이어집
니다. 1940년대에 임시정부가 광복군을 양성했던 것도 이 노선의 연

장선상이었습니다. 이 외에도 많은 선각자들이 해외에서 독립을 위하여 다양한 운동을 전개했지만, 여기에서는 생략합니다.

셋째, 국민교육을 통하여 민족의 힘을 기르고자 했습니다. 이것은 개화기부터 줄기차게 벌여 온 지식인들의 활동입니다. 이들은 교육이 민족의 살길이라고 생각했기 때문에, 학교를 설립하여 선진 학문을 가르치고 민족정신을 고취하였습니다. 하지만 이러한 방법은 일제 강점 자체에 대하여 즉각적인 효과가 없었고 일제와 타협하려는 경향을 숨길 수 없었으며, 일부 지식인들은 오히려 친일파가 되어 일제에 협조하는 모순된 행태를 보이기도 했습니다. 이런 점에서 국민교육을 통한 실력양성론보다는 신채호 선생의 무력혁명에 기울어지기도 합니다. 신채호 선생은 1923년 작성한 『조선혁명선언』에서 독립방편으로 나온 외교론과 준비론을 비판하고 "민중 직접 혁명의 수

신채호

단을 취해야 한다"라고 선언하면서 이렇게 밝힌 바 있습니다. "조선 민족의 생존을 유지하자면 강도 일본을 구축할지며, 강도 일본을 구축하자면 오직 혁명으로써 할 뿐이니, 혁명이 아니고는 강도 일본을 구축할 방법이 없는 바이다."

그래도 국민교육의 방식은 식민의 극복뿐만 아니라 일제강점 이후의 국가 발전을 위해서도 매우 중요했습니다. 이는 최근의 우리 역사가 증명해 주고 있습니다.

그런데, 국민교육은 침탈자인 일본도 적극적으로 실시했습니다. 물론 전혀 다른 목적이었지요. 일본식 교육을 통하여 일본제국주의를 미화하고 한국인들에게 식민의식을 심어주기 위해서였지요. 그들 용어로 '황국신민', 다시 말하면 일본 국민을 만들어 내자는 것이었습니다. 이 교육은 어른은 물론 어린이에게까지 강요하여 초등학교의 명칭도 '국민학교'로 지었습니다. '국민학교'의 명칭은 해방 이후에도 사용되어 1980년 2월까지 무려 35년 동안 일제의 잔재로 존속했습니다.

넷째, 국민교육과 같은 맥락에서 지식인들은 서적 발행을 통하여 국민을 계몽하고 독립정신을 불어넣고자 했습니다. 그러나 일제의 출판 탄압으로 많은 서적들이 금서로 묶여 발행이 중단되거나, 출간 이후에도 압수 또는 판매 금지 당했습니다. 여기에 대해서는 나중에 다시 살펴보고자 합니다.

다섯째, 지식인들은 우리 언어와 민족문화, 특히 한글의 연구와 보존을 통하여 식민 치하에서도 민족 정기를 살려가고자 했습니다. 반면에 일제는 한일합방 이후 조선어가 아닌 일본어를 '국어'로 강제하고 조선어를 보조언어로 교육하더니, 전쟁이 격화되던 1938년에는 '국어상용화정책'에 따라 그나마 형식적으로 있던 조선어 교육을 폐지하고 조선어 사용을 금지시켰습니다. 그러나 주시경 선생을 중심으로 우리 학자들은 1900년 무렵부터 한글 연구를 확대했고, 일제 강점기에도 민족의 혼을 지켜야 한다는 정신을 바탕으로 연구를 계속했습니다. 이렇게 하여 1921년 조선어연구회(1931년 '조선어학회'로 변경)가 조직되고, 1929년 조선어사전편찬회가 조직되어 활동하였습니다. 이 과정에서 '한글 맞춤법 통일안', '표준어사정' 등에 대한 규칙이 연구되고 정립될 수 있었습니다. 바로 지금 쓰이고 있는 맞춤법의 전반적인 기초가 일제강점기인 1930년대에 성립되었다는 사실은 의미가 깊습니다.

일제 말기인 1940년대, 곧 태평양전쟁의 막바지에 일본은 전 국민을 전쟁으로 총동원하는 가운데 한민족 말살정책을 노골적으로 드러냈습니다. 창씨개명정책을 추진하고 일본어만 사용하도록 했습니다. 이때 조선어학회에서 하던 조선어사전 편찬작업이 발각되어 조선어학회 관련 학자들이 1942년 10월부터 이듬해 4월 사이에 33명이나 검거되어 12명이 재판을 받았습니다. 재판 과정에서 이윤재와 한징 두 학자는 옥중에서 사망했고, 1945년 1월 최종 선고를 받은 이극로, 최현배, 이희승, 정인승 같은 학자들은 해방 때까지 옥고를 치렀습니다. 이 조선어학회의 여러 학자들은 해방 이후에도 크게 활동했고, 학회도 1949년 '한글학회'로 이름을 바꾸어 오늘까지 탄탄

초기 한글학회의 회원들

한 활동을 전개하고 있음은 정말 소중한 일입니다.

대중운동 차원에서도 1929년부터 1930년대 중반까지 민중계몽의 일환으로 동아일보사와 조선일보사에서는 한글보급운동을 벌였습니다. 물론 이 운동도 일제의 강압으로 얼마 안 가서 중단되었습니다. 이때 사용된 『한글원본』과 『문자보급교재』 등은 현재 두 신문사에 보존되어 있는데, 2011년에 문화재로 등록되었고, 언론을 통하여 널리 알려지기도 했습니다(《조선일보》, 2011년 10월 25~26일).

제2장 출판 탄압과 저항

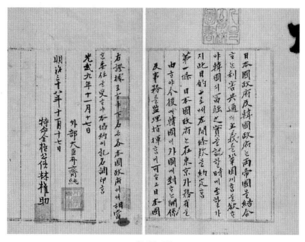

일제는 출판 탄압을 어떤 식으로 했나요?

을사늑약

　일제는 1905년 을사늑약으로 한국에 영향력을 행사하기 시작한 이후, 한국을 효율적이고 영구적으로 지배하기 위하여 한국군대를 해산시키고 경찰력을 확대하여 정보정치를 강화하고 언론통제와 사상 탄압에 나섰습니다. 이런 맥락에서 출판 탄압도 노골적으로 시행했습니다. 일제는 1909년 2월부터 '출판법'을 발효시켜 극심한 제재를 가하여 출판의 암흑시대를 만들어버렸습니다. 이 출판법은 원고의 사전 검열과 출판 후의 사후 검열 모두를 가능케 하여, 출판 자유는 물론이고 출판업의 신장도 막아버렸습니다. 간혹 국민의 경각심을 높이는 뜻있는 지사의 원고가 검열 미비로 통과되었다고 하더라도 그것이 책으로 출판되었을 때에는 다시 조사하여 판매 금지 또는 압수 처분을 했습니다. 이렇게 되니, 가뜩이나 영세한 민족자본으로 애국적인 출판업을 근근 이어가는 출판인에게는 막대한 재산상의 타격이 되어 새로운 출판을 단념하게 하는 일이 비일비재했습니다(안춘근, 1987). 그 근거가 된 '출판법'의 내용 일부를 소개하면 다음과 같습니다.

제2조, 문서·도화를 출판하고자 할 때에는 저작자와 발행자가 원고를 지방장관(한성부에서는 경시총감으로 함)을 경유하여 내부대신에게 허가를 신청해야 한다.

제11조, 허가를 받지 아니하고 출판한 저작자·발행자는 다음과 같이 처단함.

①국교를 저해하거나 정체를 변괴(變壞)하거나 국헌을 문란하는 문서·도화를 출판한 때는 3년 이하의 징역.

②외교와 군사의 기밀에 관한 문서·도화를 출판한 때는 2년 이하의 징역.

③안녕질서를 방해하거나 풍속을 괴란(壞亂)하는 문서·도화를 출판한 때는 10개월 이하의 금고.

제13조, 내부대신은 본법을 위반하여 출판한 문서·도화의 발매 또는 반포를 금지하고 해당 인쇄물을 압수함.

이러한 출판법에 따른 출판 검열은 조선총독부 도서과장을 거쳐 경무청장의 책임하에 이루어졌습니다. 그러나 실질적인 검열 업무는 도서과에 예속된 한국인 직원 4~5명이 담당했다고 합니다. 말하자면, 그들에게 전체 한국 출판이 달려 있었으니 한심한 일이 아닐 수 없지요. 조선총독부는 이러한 출판법에 의거하여 1910년대에만 120여 종에 이르는 서적을 발매금지·압수하였고, 1928년 10월부터 1941년 1월말까지 우리나라에서만 총 2,820여 종의 도서를 판매금지 처분했다는 기록이 있습니다(이중연, 2001 ; 안춘근, 1987). 물론 실제는 이보다 훨씬 더 많은 도서들이 발매금지·압수당했을 것으로 보아야겠지요.

　일제는 검열 제도도 모자라 1920년대에는 치안유지법을 제정하여 사상 통제의 고삐를 더욱 가혹하게 죄었고, 일제 말기로 가면서 탄압의 강도도 심해졌습니다. 그 검열 기준도 매우 포괄적이어서 얼마든지 자의적인 해석이 가능했습니다. 1937년 조선총독부 도서과에서 발행한 《조선출판경찰개요(朝鮮出版警察槪要)》에는 검열에 걸리는 사항들이 '일반검열표준'이라는 이름으로 상세하게 열거되어 있습니다. 몇 가지만 소개합니다.

　황실의 위엄, 신궁, 신사 등을 모독할 염려가 있는 사항, 공산주의·무정부주의를 지원하거나 선전하는 사항, 혁명운동을 선동하는 사항 등이 있고, 항일 또는 배일 사상을 시사 및 선동하고, 혹은 상찬함과 같은 사항, 조선의 독립을 선동하거나 그 운동을 시사하고 혹은 상찬함과 같은 사항, 조선 민족의식을 앙양함 등 28가지나 되는

데, 모두 안녕질서(치안) 방해 사항으로 분류한 것들입니다. '일반검열표준'에는 풍속괴란 사항도 있지만, 출판물의 경우 거의 해당 사항이 없었기에 생략합니다.

검열의 문제는 출판업을 위축시킬 뿐만 아니라, 저작자와 발행인의 의식구조까지 왜곡시킵니다. 천정환(2003)은 장기간 지속된 사전검열과 언론·출판의 부자유는 식민지인들에 의해 '내면화'되었을 가능성도 있다고 주장합니다. 탄압과 부자유의 결과물일 수 있는 열등함이 다시 열등함과 열등감을 재생산하는 원인이 된다는 것이지요. 그래서 검열은 일본과 조선의 문화적 역량 차이를 더 크게 만들고, 앞의 식민성을 강화하는 구실을 했다고 보는 것입니다.

전쟁이 막바지로 치닫던 1943년 일제는 전 국민을 전쟁으로 내몰고자 '국가총동원법'을 만들었는데, 이 가운데 출판사업의 통제를 목적으로 하는 '출판사업령'이 있습니다. 이것은 출판사업의 개시·양도·폐지 또는 휴지(休止)에 관한 명령과 출판사업을 행하는 회사의 합병에 관한 명령을 내릴 수 있게 만든 것으로, 출판이 검열이 아니라 일제의 총동원 체제 속에 들어가 버렸음을 의미합니다. 이 무렵은 조선어 출판물 자체가 불온시되던 시기이기도 합니다.

이때는 출판물 용지 사용 승인에 관한 사무까지 상공과에서 하던 것을 정보과로 넘겼는데, 이것은 종래 물자 보급 차원에서 이루어지던 업무가 출판통제 차원으로 변경되었기 때문입니다. 즉, 정보과가 중심이 되어 도서과와 협의하고 기획실, 상공과, 육·해군측 등과 연락·협의함으로써 적절한 출판 통제를 하기 위해서였다고 합니다. 그러나 용지 배급량은 신청량의 5분의 1 정도밖에 되지 않았고, 이에 수반하여 언론통제도 점차 심해져 갔습니다(李錬, 2002).

출판계의 용지 부족은 해방 이후에도 극심하게 겪었습니다. 그리고, 일제강점기에 있었던 검열과 납본, 출판사업 허가 등은 오랫동안 사라지지 않았습니다. 제5공화국 시기까지 숱한 판매 금지 도서들이 생겨나 서점 진열대에 전시되지 못할 정도였으니까요. 출판사 설립이 실제적으로 자유로워진 것도 1987년 6월 민주화운동 이후 6·29선언이 있고 나서입니다. 하기야 최근에도 일부 군에서는 독서 금지 목록을 발표했고, 이것이 정당하다는 법원 판결이 나온 바 있습니다. 일제강점기의 영향은 생각보다 훨씬 더 깊이 뿌리내려 있는 것이 아닐까 생각됩니다.

Q 어떤 책들이 금서가 되었나요?

일제가 이처럼 출판을 탄압했지만, 출판인들은 이에 굴하지 않고 민족정신을 고취하기 위한 서적들을 다수 출판했습니다. 이 과정에서 많은 서적들이 발매 금지 및 압수당했습니다. 말하자면 '금서'가 된 것입니다. 그 이유는 거의 전부가 치안 또는 안녕질서 방해라는 것이었지요. 당시 금서 실태는 이중연(2001)의 연구와 《신동아》 1977년 1월호 별책부록('일정하의 금서 33권')에 실린 '일정하 발금(發禁)도서목록'을 보면 잘 알 수 있습니다. 이러한 금서들을 시기순으로 살펴봅니다.

우선, 일제 초기 곧 1910년대 전반기의 금서에는 대한제국기에 출간한 도서들이 많았습니다. 이 금서의 저자 중에는 우리에게 잘 알려진 인물들이 많습니다. 그들의 저술을 일부만 소개해 봅니다.

신채호 : 『을지문덕』, 『이태리건국삼걸전』, 최영 장군 전기 『최도통』

장지연 : 『녀ᄌ독본』, 『대한신지지(大韓新地誌)』, 이집트 역사서 『애
　　　　급근세사』

안국선 : 『연설방법』, 필리핀 역사서 『비율빈전사』, 최초의 정치학 개
　　　　론서인 『정치원론』

이해조 : 미국 대통령 워싱턴 전기 『화성돈전』, 신소설 『자유종』,
　　　　『철세계』

박은식 : 정치소설 『서사(瑞士)건국지』(역술)

유길준 : 프러시아 프리드리히 대왕의 7년전쟁(1756~1763)을 다룬
　　　　『보노사국 후례두익대왕 7년 전사(普魯士國 厚禮斗益大王
　　　　七年戰史)』, 『노동야학』

변영만 : 『20세기지 대참극 제국주의(二十世紀之大慘劇帝國主義)』

윤치호 : 『찬미가』, 『유학자취(幼學字聚)』

이승만 : 『독립정신』, 『한국교회핍박』

위의 저술들을 보면, 당시 일제는 우리의 역사와 위인들뿐만 아니라 외국 위인들을 다룬 책들, 또는 필리핀이나 이집트처럼 외침을 당한 국가의 역사서까지도 독립정신을 키울 것으로 판단하여 금서로

묶었습니다. 같은 맥락에서 『월남망국사』도 금서로 지정했습니다. 금서는 그 종류 또한 다양하여 역사·전기, 교과서, 소설, 지리 및 정치학, 종교, 음악 등에까지 뻗쳤습니다. 일제는 주제뿐만 아니라 책 내용 중 일제를 비판하는 문장이나 어구가 들어 있으면 금서로 몰았습니다. 이것은 일제의 검열이 그만큼 광범하고 지독하게 실시되었음을 의미합니다.

1910년대 후반기 금서로는 안종화의 『국조인물지(國朝人物誌)』, 고유상의 『사요취선(史要聚選)』, 장도빈의 『조선사(朝鮮史)』, 유인석의 『우주문답』, 저자 미상의 『왜구지야심(倭寇之野心)』 등이 있습니다. 그런데, 1910년대 후반기의 금서 중에는 해외 독립운동진영에서 간행하여 국내로 들여보낸 책들도 포함되어 있습니다. 예를 들면, 박은식의 『안중근』은 중국에서 간행된 것이고, 1911년 데라우치 총독 암살 미수 사건을 다룬 저자 미상의 『총독암살음모사건』은 일본에서 나온 것인데 저자도 일본인으로 보고 있습니다. 그 외에 만주 광성학교에서 펴낸 『신한독립사』와 『최신 창가집』이 있는데 둘 다 저자 미상입니다.

다음, 1920년대의 경우, 기록상 확인되는 금서가 1910년대와 비교할 때 많지 않았습니다. 그 이유는 다음 두 가지로 말할 수 있습니다 (이중연, 2001).

첫째, 일제의 출판법과 검열 제도가 물리적으로 관철되는 과정에서 민족운동에 관한 합법적 출판과 비밀출판의 경로가 사실상 위축되었기 때문입니다. 둘째, 다수의 사상 관계 서적이 출판되었지만 일제의 '기만적' 문화정책 표방으로 1920년대에는 발매금지되지 않았던 결과일 수도 있습니다. 그러나 이들 사상 관계 서적은 1930년대에 일제가 전시체제로 돌입하면서 대대적인 금서 처분을 받게 되었습니다.

1920년대에 발매금지·압수된 서적으로 박은식의 『조선독립운동사』와 『한국독립운동지혈사』가 있는데, 모두 상해에서 출간되어 국내로 들여온 것입니다. 그 외에 금서로 김택영의 『역대한사(歷代韓史)』, 저자 미상의 『이완용매국비사』, 오산학교에서 민족교육운동가 남강 이승훈의 회갑을 맞아 펴낸 『육일지남강(六一之南岡)』, 의병장 최익현의 저술인 『맹부록(盟赴錄)』, 무정부주의자 크로포트킨의 저서 『청년에게 소(訴)함』, 무궁화를 주제로 민족의식을 고취하고자 한 이학인의 시집 『무궁화』 등이 있습니다.

마지막으로, 1930년대와 40년대의 경우, 전시체제의 민족말살정책과 맞물리며 서적의 수색·압수가 대대적으로 행해졌습니다. 이때는 독서회 형식을 띤 학생운동 조직 또는 비밀결사도 많았습니다. 그들이 읽은 책들 중에는 좌익 계열의 서적도 많았는데, 모두 압수의 대상이었습니다.

1930년대의 금서로는 저자 미상이 많은데, 몇 가지만 열거해 봅니다.

조선노동조합 출판부에서 발행한 『노동자의 살 길』, 『정선(精選)조선가요집 제1집』, 『캅프시인집』, 『불별 푸로레타리아동요집』, 『사회주의의 철학』, 『노동과 자본』 등입니다. 그런데, 저자가 알려지지 않은 금서 중에 기독교 서적들도 있습니다. 구체적으로 조선야소교(耶蘇

敎)장로회에서 펴낸『성서신해(聖書新解)』, 기독교서회에서 펴낸『하나님의 거문고』, 동경 만국성서연구회에서 펴낸『심판』과『천국』,『인생필지(必知) 성경독본』,『천주교성가』,『성화화보해설(聖畵畵報解說)』등입니다.

저자가 드러난 1930년대의 금서 중에서 몇 가지만 예를 들어 봅니다. 우선, 상해 한인애국단에서 펴낸 김구의『도왜실기(屠倭實記)』, 일본 이와나미문고(岩波文庫)에서 낸 김소운의『조선민요선』, 상항(桑港, 샌프란시스코) 대한인국민회(大韓人國民會)에서 펴낸 안익태의『대한국(大韓國) 애국가』, 주요섭의『조선교육의 결함』, 김동환의『시가집』, 선교사 벙커(班禹巨)의『하나님을 찾읍시다』등이 눈길을 끕니다. 기독교 외의 종교 분야로는 불교서적인 백낙두의『불(佛)과 인생』, 천도교서적인 이돈화의『신인철학(新人哲學)』등이 있습니다. 역사서로는 대한인국민회 북미지방총회에서 펴낸『한국경제사』, 상해에서 나온『조선망국참사』, 어윤적의『동사연표(東史年表)』등이 있습니다. 또한, 사회주의 계열 금서도 많았는데, 강영원의『맑쓰평전』과『맑쓰사회학』, 홍효민의『무산계급문학론』, 김영만의『사회주의대의』, 안언필의『과학적 사회주의』등입니다. 또한 이 시기 금서로는 여성문제를 다룬 강영원의 저서『무산계급의 부인운동』과『부인문제의 본질』이 특이합니다.

1940년대의 경우, 민족말살정책이 극에 달했고 조선어 서적 자체가 금지 도서가 되는 시기였기 때문에, 1920년대와 30년대에 출판된 서적들에 대한 압수 및 발매금지 목록이 있을 뿐입니다. 이때의 금서로는 역사·전기류가 제일 많았습니다. 구체적으로 김상만의 『보통교과 동국역사』, 복면유생(覆面儒生)의 『조선독립소요사론』, 원영의의 『신정 동국역사(新訂東國歷史)』, 현채의 『동국사략』, 강의영의 『충무공이순신실기』, 김동진의 『임진명장(壬辰明將) 이여송 실기』, 오종섭의 『위인 김옥균』, 이시완의 『월남 이상재』 등입니다.

사회주의 계열 금서로는 이병의의 『무산계급의 역사적 사명』, 김송규의 『통속 자본론』 등이 있고, 사회운동 관련 금서로는 이여성의 『약소민족운동의 전망』, 안언필의 『사회개조의 제사상(諸思想)』, 배성룡의 『부인해방과 현실생활』 등이 있습니다.

음악서적으로 강의영의 『특별 무궁화 창가집』, 강하형의 『방아타령 창가 최신유행』, 김재덕의 『조선행진곡 창가집』 등이 있는데, 모두 치안 방해를 이유로 금서가 된 것입니다. 이처럼 유행가까지도 강압적으로 금지시킨 살벌한 시기의 규제정책은 해방 이후, 아니 1980년대까지도 이어졌으니 잔재가 참 오래도 갔습니다. '아침 이슬' '독도는 우리 땅' 등의 노래까지도 금지곡으로 묶였었지요.

그런데 1940년대에는 출판물의 내용과는 상관없이 발매금지·압수 처분을 한 경우도 있습니다. 그것은 앞에서 말한 1937년도 조선총독부 도서과에서 발행한 《조선출판경찰개요》에 나온 '일반검열표준'과는 별도로 '특별검열표준'에 의한 것입니다. 그 기준은 '출판물의 목적, 독자의 범위, 발행부수와 사회적 세력, 발행 당시의 사회사정, 반포구역, 불온개소(不穩個所)의 분량'으로 나와 있습니다. 이 검열 기준은 출판물의 내용과 관계없이 출판물의 사회적 영향, 배포상황 등을 폭넓게 검열할 것을 규정함으로써 사실상 일반검열표준에 해당되지 않는 출판물일지라도, 예컨대 조선인이 많이 읽는 서적이라면 물리적 통제의 대상으로 삼은 것이었습니다(이중연, 2001). 이에 따라 1930년대에 검열을 통과하여 베스트셀러로 읽히던 이광수의 『흙』이 1940년에 경찰 당국에 의해 발매금지·압수 처분을 당했습니다. 이것은 일제가 한글 서적 독자의 확산을 통제하려는 의도에서 내린 결정이라고 합니다.

이광수 『흙』

하긴 1994년에도 장기간 베스트셀러가 된 이후 검찰에 고소·고발 당하여 금서 논쟁에 휘말린 책이 있었지요. 바로 1980년대에 출간되어 500만 부 이상 팔린 조정래의 대하소설 『태백산맥』입니다. 이승만의 양자 이인수와 우익단체가 국가보안법을 위반한 이적 표현물이라고 하여 저자와 출판인을 검찰에 고소·고발했습니다. 이 사건은

2005년에 가서야 검찰이 이적성이 없다는 취지로 무혐의 처분을 내렸으니, 검찰 수사에 11년이나 걸린 셈입니다. 이와 반대로, 같은 시기에 압수당한 미술 작품도 있습니다. 신학철 화백이 1987년 그린 작품 〈모내기〉가 국가보안법 위반에 걸려 오랜 재판 끝에 1999년 대법원에서 1, 2심에서 내린 무죄판결을 파기하고 유죄로 결정한 사건입니다. 결국, 작가는 징역 10월형의 선고유예, 그림은 몰수당했지요. 그 외에 해방 이후에도 발매금지·압수당한 서적과 작품들이 많이 있지만 여기에서는 생략합니다.

제3장 일제강점기의 출판사들

Q 일제강점기에도 한국인 경영 출판사들이 많이 있었나요?

출판이 철저하게 규제 당하는 시기에도 많은 출판사들이 나와서
활동했습니다. 방효순(2001)의 조사에 의하면, 일제강점기에 한국인
이 경영한 민간 출판사는 총 252개사입니다. 일제강점기 출판사의
수와 규모를 보여주는 정확한 자료는 현재까지 없기에 당시의 광고,
출판물의 판권기, 기타 각종 문헌자료를 통해서 밝혀낸 것입니다. 일
본인이 한국에서 경영하던 출판사도 21개사나 있었습니다.

『조선연감』

『조선연감』의 통계에 나타난 대로, 1920년대까지 한국인 인구가 2,000만 명 미만이었고, 사회경제적 환경이 열악했을 뿐만 아니라, 문맹률이 80%를 넘는 상황을 고려하면 적지 않은 출판사 수라고 하겠습니다. 물론 이것은 등록된 출판사 수가 2018년 기준 6만 1,084개사라고 하는 오늘날 한국 출판계와는 비교할 수 없습니다. 사회경제적 환경도 전체 인구가 5,180만 명에 달하고 문맹률이 아니라 대학진학률이 79.4%(한국교육개발원 교육통계, 2020)가 되는 현재의 대한민국과 일제하의 상황을 비교할 수는 없습니다. 그러나, 일제강점기의 어려운 상황 속에서 한국인 경영 민간 출판사가 252개사나 된 것은 당시 출판에 대한 한국인들의 강렬한 의지를 보여준 것으로 해석할 수 있습니다. 고려와 조선시대를 거쳐, 특히 개화기에 형성된 국민 계몽과 출판 의지는 일제 치하에서도 계속 이어졌다고 하겠습니다.

　일제강점기 출판계 활동은 일제의 정책에 영향을 받으며 전개되었습니다. 일제 초기인 1910년대는 무단통치 시기입니다. 1920년대에는 1919년 3·1운동의 영향으로 문화정치로 정책 기조가 바뀌었습니다. 물론 이것은 일제가 표면상 내건 명분입니다. 일제는 1920년대에 경찰 병력을 1910년대보다 더 증원하여 실제적으로는 경찰에 의한 통치 활동을 더 강화시켰습니다. 그래도 신문과 문화 사업은 물꼬가 트여 출판 활동도 1920년 이후 서서히 활기를 띠게 됩니다. 그러나, 1926년 이후 출판 활동은 다시 침체기에 들어갔는데 이후의 상황을 간략하게 살펴봅니다(방효순, 2001).

6·10 만세운동

1926년 조선의 마지막 황제 순종의 출상일을 기하여 일어난 6·10 만세독립운동에 이어 1929년 11월 전남 광주에서 일어나 전국으로 벌어진 학생들의 시위운동인 광주학생운동이 일어났습니다. 이와 함께 농민·노동자 계급의 집단쟁의 등이 단순한 경제투쟁을 넘어 민족운동의 성격으로 발전했습니다. 일제는 이에 대한 규제 방법의 하나로 출판물에 대한 통제와 검열을 더욱 강화하였습니다. 특히 1929년 발생한 세계 경제 대공황은 대중들의 서적 구매 능력을 크게 약화시켰고, 반대로 원자재 가격의 상승을 가져와 민간에서의 출판사업을 더욱 어렵게 하였습니다. 그러나, 1937년 이후부터 출판업이 활기를 되찾기 시작했는데 이는 당시 발발한 중일전쟁과 관련이 있었습니다. 전쟁으로 전시경기가 형성되면서 대중들은 서적을 구입할 수 있는 다소간의 경제적인 여유가 생겼다고 합니다. 또한 불안한 정치 상황에서 마음의 안정을 찾기 위해 사람들의 독서 시간이 늘었습니다. 그러나, 1940년대에는 전쟁이 본격화되면서부터 앞에서 말한 민족말살정책이 강화되어 거의 모든 출판 활동은 마비상태에 이르게 되었습니다.

Q 일제강점기에는 어떤 출판사들이 활발하게 활동했나요?

신문관   회동서관

  일제강점기 초기에 많은 업적을 남긴 출판사로는 최남선이 1907년 세운 신문관과 1908년 고유상(高裕相)이 설립한 회동서관이 꼽히고 있습니다. 그후 박문서관과 한성도서(주) 등이 활발하게 출판사업을 벌였습니다. 또한, 출판물이 많지는 않지만 우리말과 한글 관련 서적을 집중적으로 낸 정음사도 기억해야 할 것입니다. 하나씩 살펴봅니다.

  ① 신문관

  신문관은 개화의 선각자일 뿐만 아니라 시인이요 사학자로서도 큰 공적을 남긴 최남선(1890~1957)이 설립한 출판사입니다. 최남선은 1906년 봄, 동경 와세다 대학으로 유학을 갔다가 일본의 출판 발전상에 큰 자극을 받았습니다. 그리고 석 달 만에 유학을 중단하고 16세의 어린 나이에 일본에서 인쇄기기를 구입하고 일본인 인쇄 기술자를 데리고 1906년 겨울 한국에 돌아왔습니다. 곧바로 인쇄공장을 꾸리고 편집실을 만들었고, 다음 해인 1907년 신문관(新文館)이란 간판을 걸고 잡지와 단행본을 낼 준비를 서둘렀습니다(조용만, 1975). 이때부터 국민 계몽을 위한 출판사업이 본격적으로 시작된 것입니다. 이 신문관의 업적은 보통 다음 세 가지로 나누어집니다.

첫째, 다양한 종류의 계몽잡지를 발간했습니다. 잘 알려진 최초의 청소년잡지《소년(少年)》(1908년 11월 창간), 어린이 교육잡지《붉은저고리》(1913년 1월 창간), 월간 소년잡지《아이들보이》(1913년 9월 창간), 대중계몽잡지인《청춘(靑春)》(1914년 10월 창간) 등을 발행했습니다.

《소년》 《아이들보이》

둘째, 일반 서적의 간행에도 힘을 쏟았습니다. 최초의 출판물은 철도연변 명승 고적을 노래한 단행본『경부철도가』였습니다. 이후에도 종교, 문학, 전기, 법률, 과학, 경제, 교육, 가정 등 광범위한 분야에 걸쳐 수많은 서적들을 발간해 냈습니다. 또한, 단행본 외에 문고본으로 저렴한 가격인 6전에 판매한 '육전 소설 문고'를 기획하여 『춘향전』, 『옥루몽』, 『사씨남정기』, 『심청전』 같은 소설들을 현대문으로 고쳐 내어 큰 호응을 얻었습니다.

또한, 신문관에서는 서양 소설들을 다수 번역해서 발간했습니다. 예를 들면, 비처 스토의 『검둥의 설움』(이광수 역), 라메이 부인의 『불쌍한 동무』(최남선 역), 스위프트의 『썰늬버유람긔』(신문관 편집국 역) 등이 있습니다. 이 번역소설들은 순한글 표기를 하고 띄어쓰기나 단락 나누기, 문장 부호 등을 철저하게 실현했는데, 그것은 결과적으로 향후 모범적인 번역소설의 문체로 자리매김된다는 평가를 받게 했습니다(권두연, 2009). 또한, 권두연(2009)은 "신문관 번역소설을 통해 학습된 문예작품에 대한 태도들은 '서양 소설을 읽는다'는 인식을 추구함으로써 이전과는 다른 소설의 가치를 재발견해내고 근대소설의 취향을 체화하면서 본격적인 소설의 등장을 예비했다"라고 주장합니다. 이렇게 하여 이후 이광수의 『무정』 등을 베스트셀러로 만들어 내는 새로운 성향의 독자층이 형성될 수 있었다고 보고 있습니다.

셋째, 조선광문회(朝鮮光文會)에서 편찬한 다양한 고서들을 간행했습니다. 조선광문회는 "조선 구래(舊來)의 문헌 도서 가운데 중대하고 긴요한 것을 수집·편찬·개간하여 귀중한 문서를 보존·전파함을 목적으로 한다"라고 밝히고 있습니다. 조선에 온 일본 사람들이 우리나라의 고전을 수집해서 출판하는 것을 본 청년 최남선이 분발하여 1910년 신문관 안에 조선광문회를 만든 것입니다. 이 조선광문회에 애국적 지식인들이 모여들어 우리 고전들을 편찬하였고, 그

것을 신문관에서 발행하여 널리 알렸습니다. 이때 나온 고전들의 예를 들면 『동국통감』, 『해동역사』, 『연려실기술』, 『대동운부군옥(大東韻府群玉)』, 『동국세시기』, 『열하일기』, 『해동소학(海東小學)』, 『훈몽자회(訓蒙字會)』, 『택리지』, 『해동명장전(海東名將傳)』, 『동국병감(東國兵鑑)』 등 참으로 많습니다.

국가의 주권이 일본에 넘어간 시기에 민족문화와 우리의 고전을 지켜냄으로써 민족정신을 고취하고 교육을 이루어 낸 신문관의 출판사업은 매우 뜻있는 활동이었다고 하겠습니다. 이러한 활동을 주도한 최남선이 3·1운동에 독립선언서를 기초하며 적극 참여한 것은 당연한 귀결일 것입니다. 그러나, 일제 말기에 친일 행위를 했고 이때문에 해방 후 반민족행위특별조사위원회에서 조사를 받았습니다. 참으로 안타까운 일입니다.

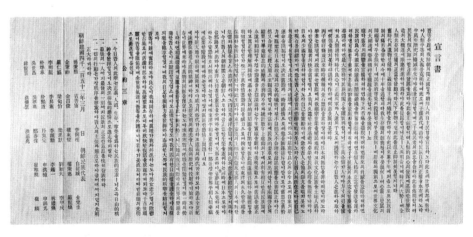

독립선언서

② 회동서관

1920년대 전반까지 왕성하게 활동한 회동서관은 고제홍·고유상 부자가 설립한 서점 겸 출판사입니다. 고제홍은 1897년 서점 '고제홍서사'를 설립하였는데, 1906년 그의 아들 고유상이 이어받아 상호도 '고유상서포'가 되었고, 이듬해 '회동서관(滙東書館)'으로 바꾸었습니다. 고제홍은 중국을 드나들며 중국 서적들을 수입해서 자신의 서점에서 팔았습니다. 출판업을 시작한 것은 1907년으로 알려져 있습니다. 최초의 출판물은 '경성대광교서사(京城大廣橋書肆)'라는 이름으로 낸 『동국명장선(東國名將傳)』이라고 합니다(방효순 2001).

회동서관을 널리 알린 책은 1908년에 나온 『화성돈전』입니다. 이 책은 독립 전쟁을 승리로 이끌어 영국의 식민지에서 벗어나게 한 미국의 건국 영웅 워싱턴의 전기인데, 당시 국민들에게 큰 반향을 불러일으켰습니다. 그러나, 이 책은 한일합방 이후 일제에 의하여 판매금지를 당하게 됩니다.

이런 속에서도 회동서관은 출판사업을 계속 벌여 나갔는데, 1909년 지석영이 편찬한 옥편 『자전석요(字典釋要)』를 발간하여 크게 성공합니다. 이 옥편은 1909년에 펴낸 한국 최초의 한자자전(漢字字典)인데, 고제홍이 직접 상하이에 가서 인쇄해 왔으며, 한 판에 5,000부씩 20여 판을 거듭 찍어 10여만 부가 팔리는 '스테디셀러'로 회동서관을 일으켜 주었습니다(고정일, 2012).

회동서관은 이 책 외에도 소설, 농업, 실용서, 우리말 문법서, 고전, 학습서 등 다양한 서적들을 출판했습니다. 고유상은 동생인 고경상에게 계열회사인 광익서관을 운영하게 했는데, 광익서관에서는 한국 최초의 현대 소설인 이광수의 『무정』(1918)과 김억의 번역시집 『오뇌의 무도』(1921)를 발행했습니다. 한국 문학사에 커다란 발자취를 남긴 업적이라 할 수 있습니다. 이처럼 서점과 출판사를 겸업하며 사세를 확장하면서 회동서관 대표 고유상이 1920년 민족계 서적상으로 최고 납세자 명단에 올랐습니다(고정일, 2012).

이광수 『무정』　　　　　　　한용운 『님의 침묵』

그러나, 회동서관은 1926년 한용운의 시집 『님의 침묵』, 이광수의 소설 『재생』과 양백화의 소설 『빨래하는 처녀』 등을 마지막으로 쇠퇴기에 접어들게 되는데, 그 배경을 이종국(2005)은 이렇게 설명합니다.

1920년대 후반에 들어 국내의 저술계, 서점·출판계는 적지 않은 변화가 일었다. 친일파들이 득세하고 있었을 뿐만 아니라 일본 유학을 마치고 돌아온 해외파들이 업계에 속속 얼굴을 내밀었기 때문이다. 이는 출판계 전반에 걸친 체질 개혁으로 나타났다. 이 무렵, 상해를 중심으로 당판(唐版) 수입 등 중국 측 서적업자들과 밀접한 관계를 지속해 왔던 회동서관으로서는 일본식 분위기에 휩싸인 업계 정서와 차별적일 수밖에 없었다. 이를테면 고유상이 업계를 선도한다든지, 신설 인쇄 회사(대동인쇄주식회사 등)에 대한 투자 등 다각적인 노력을 기울였으나 회동서관 특유의 이미지를 벗어나기 어려웠던 것이다.

③ 박문서관

박문서관

서점과 출판사를 겸한 박문서관은 1907년 노익형(1884~1941)에 의해 설립되었습니다. 창업주 노익형은 참으로 입지전적인 인물인데, 그의 스토리를 살펴봅니다(방효순, 2001 ; 고정일, 2012).

그는 어린 시절 집안 형편이 기울어져 14세 되던 해부터 남의 가게에서 사환 노릇을 하였고, 20세 무렵 남대문의 한 물상객주에서 거간 노릇을 했습니다. 23세 때인 1907년 남대문 근처에 있는 상동교회에 딸린 2층 기와집을 빌려 박문서관을 시작했습니다. 당시 상동교회는 민족운동가들이 모여든 국권회복운동의 온상이었고 하와이 교포들과 긴밀히 연결되어 있어, 교포단체가 발간하는 독립운동 관계 서적들을 은밀히 공급하는 루트 역할을 박문서관이 맡아 했다고 합니다. 박문서관은 1907년 주시경 번역의 『월남망국사』, 실러의 『빌헬름텔』, 김병헌이 번역한 『서사건국지(瑞士建國誌)』, 1908년 주시경 번역의 『이태리건국삼걸전』, 안국선의 『금수회의록』 등을 내놓았지만, 이듬해 조선총독부에 의해 출판악법이 제정되면서 모두 발매금지 당하고 말았습니다. 그후 『심청전』, 군담소설인 『유충렬전』, 『춘향전』 같은 고소설들을 발간하여 상업적 성공을 거두게 되었습니다. 이후 이해조의 『모란병(牡丹屛)』(1911), 최찬식의 『안(雁)의 성(聲)』(1914) 등의 신소설과 이상협·민태원 등의 번안소설을 발간해냈습니다.

고정일(2012)은 박문서관의 가장 큰 업적을 문세영의 『조선어사전』이라고 평가하며, 출간 이야기를 들려줍니다. "『조선어사전』은 배재고보 문세영(文世榮) 선생이 10년에 걸쳐 집필한 것인데, 간행비가 없어 원고를 묵히고 있다는 말을 전해 듣고 노익형이 저자를 찾아가서 원고를 받았다. 그는 아들 노성석을 앞세워 출판을 서둘러 문세영의 『조선어사전』을 내었으니, 우리나라 사람의 손으로 처음 출판한 조선어사전이었다. 조선총독부에서 『조선어사전』을 출판한 바 있으나, 조선인으로 스스로 완성하기는 이것이 처음이었다. 『조선어사전』은 1938년 7월 10일에 초판이 나오고, 다음해 12월에 재판을 냈다. 정가 7원이라는 고가임에도 불구하고 민족적 출판이었기 때문인지 신문사설에서까지 격찬을 아끼지 않았다."

문세영

박문서관의 또다른 업적은 1939년 1월 박문문고를 간행함으로써 본격적인 문고본 시대를 여는 데 기여한 점입니다. 처음 『춘향전』, 『김동인단편선』, 『윤석중동요선』, 『현대서정시선』 등을 박문문고의 이름으로 내며 간행사를 이렇게 밝히고 있습니다(오경호, 1984).

전승 2주년을 맞으며 우리는 감분일신(感奮一新)-양서보국(良書報國)의 불타는 마음으로 『박문문고』를 간행키로 하였다. … 앞으로는 정

치·경제·과학·문학·철학·종교·사회·가정·부인·아동 범백사항(凡百
事項)의 고금 서적을 총히 망라하여 현대 조선이 가진 최고 권위자의
손을 거쳐, 또 대표적인 작가들의 대표 작품까지도 발간하려는 바이다.

당시는 중일전쟁(1937~1945년) 시기로서 일제의 가혹한 탄압에 의
하여 우리말 출판이 거의 박멸되던 시기였기 때문에, 일제에 타협하
면서 민족 문화의 불씨를 값싼 문고본 출판을 통하여 살려내려고 애
쓴 흔적을 간행사에서도 살필 수 있습니다.

④ 한성도서주식회사
　한성도서주식회사(이하 한성도서)는 문화통치 기간에 해당되는
1920년대 초반 한규상을 대표로 하여 주식회사 형태로 설립되었습
니다. 출판사가 주식회사 형식을 갖춘 것은 1970년대까지도 그렇게

편집을 맡았던 시인 김억

많지 않았음을 고려할 때 매우 앞선 시도였다고 하겠습니다. 회사의 임원진도 당시 잘 알려진 민족계 인사들로 구성되었는데, 그 면면은 이렇습니다. 저술가요 정치인인 김윤식과 독립지사 양기탁이 고문이었고, 사학자 장도빈, 교육자 오천석, 소설가 전영택, 시인 김억, 사학자 이선근 등이 편집인이었습니다.

초창기 한성도서의 출판 활동은 서양 문학 작품의 번역 소개에 집중되었습니다. 예를 들면 『세계문학걸작집』을 냈는데, 그 안에 호메로스의 『일리아드』, 보카치오의 『데카메론』, 위고의 『몸 둘 곳이 없는 사람』, 괴테의 『베르테르의 슬픔』 등을 담았습니다. 또한, 입센의 『인형의 가(家)』(이상수 역), 톨스토이의 『나의 참회』(김억 역), 그림 형제의 『끄림 동화』(오천석 역) 등도 내놓았습니다. 여기 번역자를 보면 당시 편집인들이 직접 번역까지 한 것을 알 수 있습니다. 이러한 번역 작품들이 오늘날까지도 널리 읽히고 있다는 사실을 생각할 때, 당시 한성도서의 출판 활동이 매우 선진적이었음을 느끼게 됩니다.

번역물과 함께 국내 작가들의 창작과 저술도 다수 내놓았습니다. 정연규의 『혼』과 『이상촌』, 이윤재의 『문예독본』과 『성웅 이순신』, 최남선의 『백두산 근참기』와 『백팔번뇌』, 이광수의 『일설 춘향전』과 『무정』, 김동환의 시집 『국경의 밤』, 김억의 『안서 시집』과 『현대모범서한문』, 이은상의 『조선사화집(朝鮮史話集)』과 『노산 시조집』, 양주동의 『조선의 맥박』, 이태준의 처녀작품집인 『달밤』, 이광수의 『흙』

과 『이차돈의 사(死)』, 심훈의 『영원한 미소』와 『상록수』, 황순원의 『황순원 단편집』 등 지금 보아도 우리 문학사에 큰 자취를 남긴 저술들이 많습니다. 이들 작가 중에 덜 알려진 정연규와 이윤재의 작품 의의를 소개하고자 합니다(하동호, 1981).

정연규는 마부(馬夫)라는 필명으로 『혼』과 『이상촌』 두 작품을 썼습니다. 『혼』의 초판은 1920년 7월 5일로 되어 있으나 압수당했습니다. 내용은 삼일독립운동을 잊지 못하여 우리나라의 과거를 회고하고 현재를 말한 다음 미래를 예언하는 풍자소설입니다. 4년 후인 1924년 11월 한성도서에서 다시 발간했습니다. 『이상촌』은 1921년 초판이 나왔는데, 전 지구를 이상적으로 건설하여 마음 속의 자유, 평등, 사랑을 향유하자는 혁명서입니다. 그것을 1924년 10월 한성도서에서 재판(再版)으로 낸 것입니다.

1931년에 나온 이윤재의 『문예독본』은 신문학운동의 등장 이후에 나온 문인들의 걸작을 모아 편집한 것으로 신문학의 정수(精粹)를 이해하게 할 뿐만 아니라, 새로운 한글 철자법을 알리는 일에도 크게 기여한 책입니다. 『문예독본』과 같은 해에 나온 이윤재의 『성웅 이순신』 역시 민족혼을 불러일으키고 한글 맞춤법의 계몽에 공헌한 바 큽니다.

한성도서는 전국민적 관심과 인기의 대상이었던 필자들을 내세워 그들의 작품들을 펴냈기 때문에 높은 판매 실적을 올렸습니다. 출판 탄압이 노골화되던 시기에도 한성도서의 각종 도서들은 간도 지방을 비롯하여 해외 각지에서 들어오는 주문 덕분에 판매율은 매우 호조를 보였습니다. 이리하여 한성도서는 창립 이후 최초로 1944년에는 주주(株主)에 대한 이익금 배당까지 했습니다(최준, 1964). 이것은 새로운 출판물에 의거한 것이 아니었습니다. 왜냐하면 1940년대에는 우리말 출판물은 발간이 불가능한 시기였기 때문입니다. 그러나 일제의 우리말 말살정책에 항거하고 우리말로 된 민족의 유산을 지니고자 하는 국민들의 열망이 분출하여 출판사 창고에서 썩힐 수밖에 없었던 도서들이 불붙듯이 판매되었던 것이라 하겠습니다(하동호, 1981).

⑤ 정음사

정음사는 한글학자 최현배가 설립한 출판사입니다. 최현배(1894~1970)는 일본 히로시마고등사범학교 문과를 졸업하고 일본 경도(京都)제국대학에서 교육학을 전공하였습니다. 또한, 한글학자 주시경의 영향을 받아 국어 연구와 한글 운동을 평생의 과제로 삼은 인물입니다. 1926년 4월부터 연희전문학교 교수로 근무하면서 『우리말본』 가운데 첫째 권 『소리갈』을 등사본으로 찍어냈습니다. 결국 출판사를 차리게 되는데, 그 배경을 고정일(2012)은 다음과 같이 말합니다.

등사본을 찍어낸 것은 학생들에게 보다 나은 강의를 하기 위해서였지만, 더욱 절실했던 것은 일본이 우리말과 글을 없애려는 음모에서 이를 지켜내어야 했기 때문이었다. 그때 형세로는 출판사에서 선뜻 내어

주겠다고 나서는 곳이 없어 결국 자신의 집을 담보로 자금을 융통해 아예 출판사를 차리기로 한다.

최현배

1928년 7월 '정음'(正音)이라는 이름으로 출판사를 등록했습니다. 그 취지는 물론 '한글을 연구하고 이를 널리 펴기 위함'이었지요. 최초의 출판물은 1929년 나온 최현배의 『우리말본』첫째 권이었습니다. 이 책은 국어 문법책으로 1937년 완성되어 나왔고, 해방 이후에도 개정판이 여러 차례 나왔습니다. 전체가 세 부분으로 되어 있는 책의 첫째 권은 '소리갈'이라 하여 현대적 음성학으로 한글을 연구한 것입니다. 둘째 권은 '씨갈'이라 하여 국어 낱말의 품사 설명입니다. 셋째 권은 '월갈'이라 하여 문장론에 해당됩니다.

그 외에 『중등 조선말본』(1936), 『중등 조선어법』(1936), 『조선민족 갱생의 도』(1930), 『한글갈』(1942) 등을 출간하여 우리말을 살리고 민족정신을 고취하는 데 힘썼습니다. 최현배의 한글 사랑은 1942년 조선어학회 사건으로 일제에 체포·투옥되는 가운데에도 전혀 달라지지 않았고 출판 의지도 더 강해져 갔습니다. 1942년 『한글갈』을 낸 뒤 해방될 때까지 일제에 의해 강제 휴업을 당하고 말지만, 최현배는 옥중에서도 비밀리에 『우리말본』을 찍게 해서 만주와 중국 등지의 교포들에게 보내는 일을 게을리하지 않았습니다(고정일, 2012).

일제강점기 출판 활동의 특징은 최준(1964)의 주장처럼, "당시 인텔리층이 별로 정열을 쏟아 넣을 만한 곳이 없어 출판사업에 손을 뻗쳤다는 것과, 따라서 기업적이기 이전에 하나의 애국애족한다는 민족적인 선비의 장사였다는 두 가지 점"이라고 볼 수 있습니다.

위의 다섯 회사 외에도 영창서관, 덕흥서림, 신구서림 등 활발하게 출판사업을 벌여나간 출판사들이 많이 있지만, 생략하고자 합니다.

제4장 일제강점기의 독서

Q 일제강점기에 누가 책을 많이 읽었나요?

당시 가장 중요한 독자층은 학생이었습니다. 이것은 1920년대 경성도서관의 열람자 조사에서 확인된 사항입니다. 그 조사에 의하면 학생이 최다였고, 그 외에 어린이가 많았으며 여성들은 매우 적었다고 합니다(윤금선, 2009). 도서관 이용자가 남자는 매월 평균 6,400여 명인 데 비하여, 여자는 30명을 넘은 적이 없어, 부인석도 남자가 점령하게 되었다고 하지요(《조선일보》, 1923.12.25). 또한 어린이 열람자 수도 매월 평균 1,400여 명이나 되었다고 합니다.

이런 현상은 오늘날과 많이 다릅니다. 지금은 일제강점기와 달리 여성 독자층이 매우 두터워졌지요. 반면에 학생들은 책과 멀어진 상태입니다. 최근 학생들이 교과서 외의 책을 읽는 독서율은 제시하기도 부끄러울 정도로 낮은 수치입니다. 아니, 대학 교재조차 학생들이 사지 않아 500부 이하로 찍는 경우가 많은 실정입니다. 초등학생의 경우는 그나마 일부 교사와 독서운동단체들에 의하여 독서가 권장되기도 하지만, 중고교의 경우 책 읽기는 입시 위주의 암기식 교육 속에서 설 자리를 잃었습니다.

학생이 주 독자층이었던 일제강점기의 현상을 주목할 필요가 있겠습니다. 1920년대에 근대적인 도서관이 설립되기 시작했고, 대도시에서는 주로 도서관 중심으로, 농촌에서는 학생 계몽대로 결성된 '독서구락부(讀書俱樂部)' 중심으로 독서운동이 활발하게 일어났습니다(윤금선, 2009).

이 시기는 또한 조선일보사와 동아일보사가 중심이 되어 농촌 계몽과 한글 보급운동을 활발하게 펼치던 때이기도 합니다. 이런 운동의 주역은 학생이었지요. 가난한 약소국으로 언론이 통제되는 식민지 치하에서 살았던 학생들이 이룩한 의미있는 활동이었습니다. 반면에, 민주화된 사회에서 세계 10대 수출 대국의 하나로 올라서서 독립된 나라의 풍요를 경험하는 현재의 학생들은 입시와 취업 준비에 매몰된 채, 사회를 이끄는 독서운동은커녕 기본적인 책 읽기와 교양 습득도 제대로 하지 못하고 있는 형편입니다.

물론, 일제강점기의 학생들은 고등 교육이 보편화된 현재의 학생들과는 여건이 다르지요. 그들은 문맹자가 많고 교육인구가 극소수인 시대의 엘리트라 할 수 있습니다. 이러한 학생들 또는 학교 교육을 받은 1920년대와 1930년대의 독자층을 천정환(2005)은 '근대적 대중독자' 또는 '엘리트적 독자'라고 불렀는데, 그 성격은 다음과 같이 말할 수 있습니다.

근대적 대중독자는《동아일보》,《조선일보》 등의 조선어 신문 또는 《별건곤》,《신동아》,《삼천리》 등의 대중 잡지를 구독하는 독자로서 대중소설을 즐겨 읽었다. 엘리트적 독자층은 '신문학'의 순문예작품과 외국 순수문학 소설 등을 주로 읽었는데, 신문이나 대중 잡지는 물론 전문 학술 잡지 또는 《개벽》, 《신여성》 등의 종합지를 구독했다. 이러한 독자층을 형성하게 한 힘은 문맹이나 전습(傳習)된 구술문화적인 환경이 아니라, 명백하게 헤게모니를 얻어가던 문자문화의 글쓰기와 책 읽기의 힘이었다.

《신동아》

《삼천리》

《신여성》

또한, 근대적 대중 독자는 방각본과 고전소설을 읽던 전통적 독자층과 구별해야 하겠지요.

> 구활자본 소설과 유교 경전을 주로 읽던 예전의 독자들이 전통적 생활 조건과 촌락 공동체를 배경으로 갖고 있었던 데 비하여, 근대적 대중독자는 첨단적인 도시 생활양식과 이에 부응하는 소비적 대중문화를 누리고 있었습니다. 이들에게 책 읽기는 영화, 라디오, 대중연극 등을 향유하는 행위와 병치된 하나의 행위였지요. 그리고 학교 교육과 저널리즘이 이들에게 권위와 권력으로서 책 선택에 개입했습니다. (천정환, 2005)

이처럼, 한국의 근대를 여는 독서층은 학교 교육을 받은 엘리트층으로 파악될 수 있는데, 같은 학생 독자층이라도 일제강점기 여학생의 경우는 색다른 의미로 나타납니다. 1910년대까지 여학생은 매우 드물었고 1920년대 이후 근대식 교육을 받은 여학생들이 늘어나기 시작했습니다. 이때부터 여학생들은 새로운 독서층에 합류하게 됩니다. 또한, 교육받고 사회에 나온 여성들은 근대적 문물을 체험하며 이전 세대와는 달리 자유주의적 개인주의 성향을 보여, 1920년대에는 '신여성'으로, 1930년대에는 '현대여성'으로 불렸는데, 그 기원이 바로 여학생입니다.

물론 개화기에도 여성들을 계몽하기 위하여 순한글로 된 신문(《독

립신문》,《제국신문》)과 잡지(《가정신문》 등)가 나오기도 했지만, 1920
년대 이후에는 여성 독자층을 겨냥한 단행본 출판사업이 시작되었
습니다. 아울러 여성 독자층의 수준도 발전하여, 1920년대에 연애
서간집을 많이 읽던 여성들이 1930년대에는 교양서적, 나아가 사회
주의 계열의 사상서적의 독자로까지 나아갔습니다. 이러한 독자들의
의식을 김옥란(2004)은 이렇게 설명합니다.

> 1920~1930년대의 여성들에게 글을 읽고 쓰는 능력은 단순한 독해
> 능력이 아니라 제도권 내에서 갈등을 겪고 있었던 여성 스스로 자신의
> 길을 찾아나가는 한 수단이자 방법이었다. 1920~1930년대의 여학생
> 들은 자신들에게 강요되는 전통적인 규범 대신 책 속에서 새로운 가능
> 성을 찾고자 했으며, 당대의 현실 그리고 여성의 현실에 대한 명확한 인
> 식을 얻고자 했다.

1920년대부터 발견되기 시작하는 이러한 여성의 독서열은 '1,000
여 년 전부터 지금까지' 미증유의 사실이었고, '조선 여자의 더할 수
없는 행운이 돌아온 기회였다'고 《조선일보》, 1926. 12. 5) 밝힐 정도
로 강했습니다(김미영, 2003).

또한, 1920년대 학생 독자층은 독서회를 결성하여 학생운동을 촉
발시키기도 했습니다. 독서회란 1920년대에 전국 각 지역에서 생겨
난 조직인데, 개인적 책 읽기가 아니라 '공동체적 독서'를 통하여 사
회주의 사상 전파 또는 계몽운동을 벌여 나간 조직을 말합니다. 학

생 독자층은 이러한 독서회를 매개체로 하여 1926년의 6·10만세운동, 1929년의 광주학생운동 같은 대규모 저항운동을 벌일 수 있었습니다. 일제강점기 학생 독자층의 영향력을 단적으로 보여주는 일이라 하겠습니다.

일제강점기에는 학생 외에 노동자들도 독서회를 결성하며 독서층을 형성했습니다. 이 독서회는 민족주의와 기독교 등 여러 경향의 운동단체와 결부되었는데, 초기에 민족주의적 '문화운동', 그리고 이후에는 사회주의 운동과 직간접적인 관련을 가진 경우가 많았습니다(천정환, 2008).

그 외에 주부, 상공업자, 사회주의에 경도된 지식인 등이 주요 독자층을 이루고 있다고 할 수 있습니다.

일제강점기 사람들은 어떤 종류의 책을 많이 읽었나요?

일제강점기 사람들의 전반적인 독서 경향을 알려면, 1920년대를 살펴보는 것이 좋습니다. 1910년대에는 아직 독서 인구가 많지 않았고, 1930년대 이후에는 일제의 검열이 강화되어 계몽이나 사상을 중시하는 서적의 출판이 많은 제약을 받았기 때문입니다. 윤금선(2009)은 조선인들이 많이 이용하였던 경성도서관의 열람 상황을 다룬 신문 기사를 조사하여 1920년대 독서 경향을 밝힌 바 있습니다. 그에 의하면 1920년대에도 독서 경향은 시기별로 차이가 보입니다. 1923년 경성도서관 개관 초기에는 문학·사상서·어학 등이 최다였고, 1925년 중반기에는 그것이 법률·사회 분야로 옮겨갔는데, 종로 분관 시절인 1927년에는 다시금 문학·어학 위주로 돌아갔습니다.

참고로 당시 신문(《동아일보》, 1927. 5. 10)에 나온 기사에 의하면, 1927년 4월 중 경성도서관 종로 분관을 이용한 조선인들의 서적 분야별 열람 순위가 다음과 같이 나와 있습니다.

1위 문학·어학

2위 수학·이학(數學·理學) 등

3위 정치·경제

4위 전기·역사 등

5위 철학·종교

6위 통계

7위 상업·교통

8위 공학·병사(兵事)

9위 교육

10위 미술·음악

이처럼 문학·어학 분야의 도서가 1위인데, 이 중에서도 주로 소설이 가장 많이 읽혔습니다. 소설 읽기는 조선시대 사대부 선비들에게는 금기시되었던 행위였습니다. 그러나, 1920년대에 근대식 교육을 받은 지식인들에게 소설은 근대적 교양을 쌓고 예술적 취미를 즐길 수 있는 매개체였습니다.

소설은 한국 작가들이 쓴 장편소설, 외국 작품을 번안한 소설, 신문연재 통속소설, 일본 통속소설, 외국의 명작소설 등등 그 종류가 다양했습니다. 그 중에서도 톨스토이의 『부활』, 도스토옙스키의 『죄와 벌』, 입센의 『인형의 집』, 셰익스피어의 『햄릿』, 위고의 『레 미제라블』 등 서구의 명작소설이 제일 많이 읽혔습니다. 한국 작가로는 『무정』 등 이광수의 소설이 독자들의 압도적인 호응을 얻었습니다.

그런데, 1920년대 소설과 문학에서 중요한 주제는 '연애'였습니다. 독서를 통해 생겨난 연애 열풍은 시대를 바꾸는 사회 현상으로 나타났습니다. 1925년 6월호《신여성》에서는 다음과 같은 경고가 나올 정도였다고 합니다.

> 요사이 청년들 중에는 연애소설이나 혹은 그에 근사(近似)한 책을 많이 보고 있는 동안에 독서 중독이 되어 연애를 외치고 연애 없는 가정은 파괴코자 하는 경향이 많다고 볼 수 있다.

이런 경고를 소개한 권보드래(2001)는 "한국에서 갓 출현한 '연애'가 어떤 태생이었는지를 잘 알려 준다"라고 하며, 당시 사회 현상을 설명합니다.

> 1919년 이후 한국은 교육열을 바탕으로 새로운 지형을 만들어냈으니, '연애'란 이때 등장한 상품 중 하나이다. 사랑의 오래된 계보에 속하

면서도 1920년대에 비로소 본격화된 '연애' ― 이 상품은 등장하자마자 무서운 기세로 팔려 나갔다. '사랑 없이는 살 수 없다', '사랑 모르는 본처를 버리고 새로운 사랑의 대상을 구한다' 하는 등의 시대적 경향이 생겨나 연애 소동과 이혼 소동이 잇따랐고, 헤어지느니 죽음을 택하겠다는 정사가 속출하면서 '사랑에서 나서 사랑하다가 사랑으로 죽는' 삶의 모델이 생겨났다.

이런 속에서 연애소설뿐만 아니라 연인에게 보내는 편지를 모아 놓은 연애 서간집들이 잇달아 나와 불티나게 팔려 나갔습니다. 구체적으로 『사랑의 불꽃』, 『청탑의 사랑』, 『태서명가(泰西名家) 연애 서간』, 『진주의 품』, 『청춘의 꽃동산』 등을 들 수 있습니다. 이러한 연애 서간집에 수록된 편지들은 실제로 현실 속의 연애가 가능하지 않았던 여성 독자들에게 연애가 이루어지는 전형적인 시간과 공간을 제시하고 있습니다(이태숙, 2009).

1920년대의 독서 경향은 도서관 열람 상황과 함께 서점의 판매 실태를 살펴보면 알 수 있겠지만, 그와 관련된 통계는 없는 실정입니다. 현재로서 당시 독서 경향을 파악할 수 있는 유용한 방법은 신문에 게재된 서적 광고 실태를 분석하는 일일 것입니다. 이기훈(2001)은 서적 광고가 차지하는 비중이 컸었던 1920년부터 1927년까지 《동아일보》에 실린 단행본 917종에 대한 광고를 분석하여 독서 경향을 밝혀낸 바 있습니다. 그의 안내에 따라 간략하게 살펴봅니다.

먼저, 도서 917종의 광고를 종류별로 살펴보면, 도서관 열람 상황과 달리 교재·수험서가 193종(21%)으로 가장 많았고, 2위 문예물(173종, 18.9%), 3위 실용서(141종, 15.4%), 4위 성(性)·연애 관련 도서(103종, 11.2%), 5위 학술서(66종, 7.2%), 6위 전기(42종, 4.6%), 7위 창가(34종, 3.7%)의 순입니다. 그 외에 연설·토론, 사회주의, 아동, 경서, 종교, 시사 분야 서적들도 있으나 전체 종수로 30종 미만이고 3%를 넘지 못하고 있습니다.

교재·수험서의 증가는 교육인구가 늘어나면서 나타난 당연한 현상일 것입니다. 이 중에서 가장 많은 것은 중등학교 입시용 수험서, 보통학교와 중등학교 교과서 및 참고서, 중등과정 이수를 위한 통신강좌 등이었습니다. 교육에 대한 국민들의 열망은 높은 반면 사회적 상황으로 인해 기회가 부족했기 때문에, 교재·수험서 광고 비중이 높았던 것으로 분석하고 있습니다.

2위로 나온 문예물의 강세는 도서관 열람 상황과 같은 현상이고, 연애 관련 도서의 강세는 앞에서 소개한 바 있습니다.

그 다음 실용서가 강세로 나타납니다. 1920년대의 실용서 목록을 살펴보면, 농업, 요리, 의술, 점복, 습자, 최면술, 체조법, 법률, 재봉, 공예, 호신술, 주식 등 광범위한 분야에 걸쳐 있습니다. 실용서 출판은 조선시대의 방각본에서도 적지 않은 비중을 차지하고 있지만, 근대로 들어와서 더욱 확대되고 다양해졌습니다. 천정환(2003)은 이러한 실용서의 등장을 이렇게 표현합니다.

근대로 접어들면서 책은 한편으로 상품이자 매체이면서, 또한 일종의 도구가 된다. 가장 내밀한 사적 영역에 속하는 성(性)과 육체에 관련된 부분부터 자본주의적 공적 생활을 기술적으로 해 나가는 방편인 '처세'에 이르기까지, 그리고 '천하지대본(天下之大本)'인 농사 짓는 일부터 가정 요리에 이르기까지, 세상의 모든 일은 이제 읽어서 알아야 하고 써서 전습(傳習)해 주어야 할 대상이 된다. 머릿속에 기억되고 귀를 통해 구전되는 것은 이제 지식이 아니다. 모든 '앎'은 가시적인 형태로 축적된 것, 즉 책 속에 활자로 고정된 것을 가리키게 된다. 따라서 근대의 모든 책은 사실상 '매뉴얼(manual)'의 의미를 지닌다. 책 속에 담긴 지식과 정보는 모두 무엇인가를 위한 기능적 가치를 지닌 것이다.

이 외에 전기류 서적이 많이 나왔는데, 외국의 인물로 미국의 프랭클린, 고대 그리스의 데모스테네스, 프랑스의 루소, 인도의 타고르, 영국의 셰익스피어 등이 있고, 국내 인물로 동명왕, 원효, 을지문덕, 고려 태조, 조선 태조, 이순신, 김옥균 등이 있습니다. 이러한 작업들은 애국계몽기 저술·출판 행위의 연장선상에 있다고 할 수 있습니다.

이러한 서적들 외에 사회주의 사상을 전파하는 서적들도 많이 나왔습니다. 이런 서적들은 일제에 대한 저항정신의 표출이기도 했습니다. 사회주의 서적으로는 『맑스평전』, 『맑스사상의 진상』, 『무산계급의 역사적 사명』, 『유물사관대의』 등이 있습니다.

이러한 사회주의 서적의 반대편에, 종말과 후천개벽을 주장하는 『정감록』 같은 책도 많이 읽혔는데 식민지 치하 조선인들의 불안과 전근대적 유토피아 의식을 드러내는 현상이라 하겠습니다.

열악한 상황 속에서도 식민지의 독서시장은 꾸준히 커져갔는데, 그 시장의 성격을 이기훈(2001)은 이렇게 정리합니다.

그 공간 중 일부는 성(性)이나 연애의 욕망, 출세의 욕망에 의해 지탱되고, 이런 욕망들을 확대 재생산하는 것이었고, 또 일부에서는 계몽적 의식에 의해 주도되는 것이기도 했고, 또 일부에서는 새로운 저항의 시도를 포함하는 것이기도 했다. 자본이 창출하는 욕망과 소비의 공간, 이를 거부하는 저항의식이 교차하는 지점에서 무수한 책들이 읽혀지고 있었다.

Q 일제강점기에도 베스트셀러 작가가 많았나요?

예. 여러 명 있었습니다. 지금처럼 문학 분야에서 제일 많았고, 그외 분야에서도 독자들의 호응을 얻었던 저자들이 다수 등장했습니다. 이임자(1998)는 일제강점기의 베스트셀러와 저자들을 조사한 바 있습니다. 그 조사에 의하면, 일제강점기를 통틀어 2종 이상의 베스트셀러를 낸 저자로는 소설 분야에서 이광수, 김동인, 박종화가 있었는데 특히 이광수의 활동이 두드러졌습니다. 김동인이 『운현궁의 봄』(1933년)과 『젊은 그들』(1930)로, 박종화가 『금삼의 피』(1935)와 『다정불심』(1942)으로 각각 2종의 베스트셀러를 낸 데 비해, 이광수는 『무정』(1917)을 시작으로 『마의 태자』(1926), 『단종애사』(1928), 『흙』

(1932), 『유정』(1933), 『원효대사』(1940) 등 6종의 베스트셀러 소설을 펴냈습니다. 소설 외에 이광수가 펴낸 연애 서간집인 『춘원서간문집』까지도 소설을 뛰어넘는 판매고를 올려 베스트셀러 상위권을 기록했으니, 일제강점기의 독서시장은 가히 이광수의 독무대였다고 해도 과언이 아닐 정도지요.

시 분야는 이광수처럼 두드러진 작가는 없고, 이상화가 『나의 침실로』(1928)와 『빼앗긴 들에도 봄은 오는가』(1929)로 시집 2종을 베스트셀러에 올려놓았습니다. 그 외에 김소월(『진달래꽃』, 1925), 한용운(『님의 침묵』, 1926), 모윤숙(『렌의 애가』, 1937) 등도 자신의 시집을 베스트셀러 대열에 진입시켰습니다.

문학 외의 분야로는 역사서 2종, 『고사통(古事通)』(1939)과 『조선역사』(1939)를 베스트셀러로 만든 최남선이 대표적인 저자였다고 하겠습니다.

일제강점기 대표적인 베스트셀러 저자에 대하여 이광수와 최남선을 중심으로 이야기 하겠습니다. 먼저 이광수의 생애를 살펴봅니다 (황국명, 2010 ; 장석주, 2009).

이광수(1892~1950)의 어린 시절은 비참할 정도로 어려웠지요. 평안북도 정주에서 태어난 그는 10세에 당시 유행하던 콜레라로 부모를 잃고 두 누이동생과 함께 고아가 됩니다. 그는 다섯 살 때 한글과 『천자문』을 깨치고, 여덟 살 때 『논어』, 『맹자』, 『대학』 같은 동양고전

이광수

을 두루 섭렵할 만큼 신동으로 알려졌지만, 생계를 돌보지 않는 아버지 때문에 어린 몸으로 산에 가서 나무를 하거나 궐련초를 팔아 학비를 보태며 서당에 다녔다고 합니다.

그나마 그러한 부모마저 한꺼번에 여의고 갑작스럽게 고아가 된 소년 이광수는 절망감에 휩싸여 운명을 비관한 끝에, 사당에 불을 질러 위패 등을 태워버리고 고향을 떠납니다. 외가와 재당숙 집 등을 전전하며 떠돌이 생활을 하던 그는 1903년경 동학에 들어갑니다. 그러나, 1904년 러일전쟁으로 동학에 대한 압박이 심해지자 이를 피하여 서울로 왔고, 여기에서 일진회와 접하며 개화사상에 눈을 뜹니다.

그후 1905년 8월에 일진회의 유학생으로 뽑혀 일본 유학길에 오르고 이듬해 메이지학원 중학부 3학년에 편입학합니다. 이 시기에 이광수와 더불어 20세기 초 조선의 3대 천재라고 일컬어지는 최남선, 홍명희 등과 사귑니다.

1910년 메이지학원 보통부 중학 5학년을 졸업하고 귀국하여 정주 오산학교의 교원이 됩니다. 1915년 다시 일본으로 건너가 와세다대학 철학과에 입학하지만, 1918년 7월 졸업을 포기하고 귀국합니다. 이 당시 결핵으로 건강이 나빠졌으나 의사 허영숙의 도움으로 건강을 회복하고 두 사람은 애정 관계로 발전합니다. 얼마 후 이광수는 본부인과 이혼하고 허영숙과 재혼하게 됩니다.

1917년 1월 1일부터 한국 최초의 근대 장편소설 『무정(無情)』을 《매일신보(每日申報)》에 연재하여 소설문학의 새로운 역사를 개척합니다. 불과 25세에 한국문학사에 커다란 영향을 끼친 장편소설을 내놓은 것입니다.

1919년 도쿄 유학생의 2·8독립선언서를 작성한 후 이를 전달하기 위해 상하이로 건너갔으며 여운형(呂運亨)이 조직한 신한청년당에 가담합니다. 또한 임시정부의 일원으로 활동하며 대한제국 독립의 정당성과 의지를 세계에 알리는 데 노력합니다.

그러나 1939년 5월 『세종대왕』의 집필에 들어갈 무렵, 그는 일제의 권유로 박영희, 임학수, 김동인과 함께 '북지황군위문'에 나섬으로써 친일 대열에 합류합니다. 이광수는 차츰 적극적으로 친일 노선을 걷는데, 제2차 세계대전 말기에는 문인보국회를 조직하고, 도쿄에 파견되어 조선 유학생을 상대로 학병 지원을 권유하는 강연에도 나섭니다. 일찍이 재일 유학생의 2·8 독립선언 때 문안을 기초하고 임시

정부 기관지인 《독립신문》 주필까지 지낸 춘원 이광수의 변절은 많은 사람에게 실망과 함께 분노와 배신감을 안깁니다.

이광수의 친일 행각은 특이한 데가 있습니다. 단순한 친일 협력이 아니라 철저히 일본인이 되고자 했습니다. 그래서 스스로 창씨개명을 하고 일본식 옷을 입고, "조선놈의 이마빡을 바늘로 찔러서 일본 피가 나올 만큼 조선인은 일본 정신을 가져야 한다"라는 주장까지 나아갔습니다. 이광수는 본격적인 친일 이전에도 민족개조론(《개벽》, 23호, 1922년 5월)을 발표하면서 3·1운동을 마치 "무지몽매한 야만 인종이 자각 없이 추이하여 가는 변화와 같은 변화"로 비유하는 등 친일의 조짐을 보인 바 있습니다. 또한, 민족개조론에서 "조선 민족의 쇠폐의 원인은 도덕적 원인이 근본이며, 국민성을 고쳐야 한다"고 주장했습니다. 이광수의 민족개조론이 당시의 세계 사조를 받아들인 것이라는 일부 긍정적 시각의 연구(이재선, 2011)도 있지만, 민족개조론은 우리 민족의 문화적 잠재력을 읽어내지 못한 주장입니다. 수천 년 이어온 한민족의 무한한 가능성을 인식하지 못한 열등감의 소산이라 생각됩니다. 상황이 변하면 민족 개조를 논의할 것도 없이 국민성은 전혀 다른 모습으로 나타나고, 열등감도 자동적으로 사라지게 될 것입니다. 지금은 달라졌지만, 해방 이후에도 분단과 전쟁 그리고 독재 정치의 영향으로 한국인들은 스스로를 오랫동안 비하하며 살았습니다.

우리는 일본 정신이 골수까지 박혀야 한다고 외쳤던 이광수에게 서 민족의 앞날에 대한 비관주의를 느낄 수 있습니다. 이것은 구한 말에 활동했던 선교사 헐버트의 확신과 대비됩니다. 대한제국이 망 해가는 모습을 목도한 선교사 헐버트는 외교권을 빼앗긴 을사늑약 이후인데도 "지금 한국의 죽음은 완전한 죽음이 아니다"라고 주장 하며, 한국인의 교육에 투자하면 가장 확실하고 커다란 성과가 나타 날 것이라고 예언했습니다(H. B. Hulbert, 1906). 21세기 한국의 발 전상에 대한 비전을 본 것처럼 말입니다.

이광수의 민족개조론이 한민족에 대한 비관주의에 기초한 것이라 면, 헐버트의 교육 강조는 한국인의 잠재력에 대한 신뢰에 기반하는 것입니다. 그는 외국인이었지만 한국의 천재들보다 훨씬 더 정확한 정세 판단과 한국인의 민족적 저력을 읽어냈습니다. 이러한 판단은 지식의 양이 아니라 민족과 역사에 대한 확신의 정도에 따라 달라지 는 것이 아닌가 생각됩니다.

다음, 최남선을 살펴봅시다. 육당 최남선(1890~1957)은 한국 문화 사에서 매우 커다란 업적을 남긴 인물입니다. 청년 시절에 이미 《소 년》, 《청춘》 같은 잡지를 발간하며 문화운동가로 활동하였고, 출판 인으로 수많은 계몽도서들을 발간하였으며, 그 자신이 문학인이며 역사학자로 15권의 『최남선전집』(현암사)이 나올 정도로 방대한 저술 작업을 해낸 베스트셀러 저자이기도 했습니다.

최남선

　그는 서울에서 태어나 이광수와 달리 부유한 중인 계층의 부모 밑에서 자랍니다. 1904년 10월 황실 유학생으로 뽑혀 일본에 건너가 동경부립제일중학교(東京府立第一中學校)에 입학하나 석 달 만에 자퇴하고 귀국합니다. 1906년 3월 다시 일본에 건너가 와세다대학(早稻田大學) 고등사범부 지리역사과에 입학하나, 같은 해 6월 개최된 모의국회에서 학교 측이 경술국치 문제를 의제로 내걸자 격분한 한국인 유학생들과 함께 자퇴하고 다시 귀국합니다. 이듬해인 1907년 17세의 나이로 신문관(新文館)을 창설하고 민중을 계몽하는 도서를 출판하기 시작합니다. 1908년 종합잡지《소년》을 창간하고, 창간호에 '해에게서 소년에게'를 실어 한국 근대시사에서 최초로 신체시를 선보입니다. 1919년 3·1운동 때는 독립선언문을 기초하고 체포당하여 2년 10개월간 감옥 생활을 합니다. 그러나 3·1운동으로 구금 투옥되고 나서 석방된 뒤 계속 일제의 감시·규제를 받다가 친일의 길을 걷습니다. 그리하여 식민지정책 수행 과정에서 생긴 한국사 연구기구인 조선사편수회에서 일했고, 이어 만주 건국대학에서 교편을 잡았으며, 일제 말기에는 침략전쟁을 미화, 선전하는 언론 활동에 나섭니다. 그리하여 광복 후에는 민족정기를 강조하는 사람들에 의하여 이광수와 함께 비난과 공격의 과녁이 됩니다. 이것이 『한국민족문화대백과사전』이 전하는 최남선의 모습입니다.

그런데, 최남선의 친일은 이광수의 그것과 현저하게 다릅니다. 서영채(2011)는 이 두 사람의 친일 행각을 이렇게 비교합니다.

두 사람의 대일 협력은 기본적으로 실력양성론의 논리에 기반하고 있다. 그러나, 경우에 따라 그 양상은 매우 달라진다. 이광수는 일본 군국주의자들의 이데올로기를 절대적 윤리의 수준으로 높여 놓았다. 창씨개명을 하고 일본옷을 입고 방에 일장기를 걸어 놓았다. 반면 최남선은 철저한 현실주의자의 모습을 지니고 있었다. 그는 대동아공영권의 이데올로기가 지니고 있는 허실을 냉정하게 파악했고, 그 이데올로기에 대해 냉소적 거리를 유지했다. 만주국립 건국대학 교수였던 역사학자 최남선 앞에는 중국의 동북 지역을 침략하여 만주국을 만들고 계속 중국 대륙으로 확전을 꾀하는 일본의 세력이 있었다. 이런 현실에 대한 그의 시선은 기본적으로, 커다란 역사적 흐름을 바라보고 있는 사람이 지닐 법한 관조적인 것이었으며, 그 위에 일제를 위한 립서비스가 보태졌다. 이를테면, 황하와 양자강 사이의 중원 지역은 한족만의 것이 아니라 변방에서 힘을 키운 여러 민족들이 자신의 세력을 과시하는 곳이었고, 이제는 아시아의 리더로서 일본 차례가 되었다는 식이다.

이광수와는 달리 최남선은 창씨개명을 하지 않았고, 만주에서도 여전히 한복 차림이었으며, 학생들에게 조선인으로서의 민족의식을 가질 것을 주문했다. 그러면서도 글을 쓰는 자리에서는 일제 침략 세력에 대해 태평양 전쟁을 성전이라고 하는 이중적 태도를 보였다.

이광수는 대동아공영권을 만들기 위한 성스러운 전쟁에 '천황의 적자'로서, 일본 민족의 일원으로서 참여해야 한다고 하면서 '내선일체'의 이상을 신앙처럼 고백했다. 반면 최남선은 일본의 영광을 위해서가 아니라 조선 민족의 장래를 위해 참전해야 한다고 했다. 두 가지 근거를 대었다. 하나는 새 세계를 이끌어갈 젊은이들이 참전을 통해 군사 기술과 군대 조직의 경험을 익힐 수 있다는 것, 또 하나는 세계대전으로 확전되고 있는 마당에 조선 민족만이 빠져서는 안 된다는 것이었다. 이 점은 해방 후 통절하게 후회하고 있는 대목이었다. 물론 그 후회란 윤리의 차원이라기보다는 현실에 대한 판단에 착오가 있었다는 점 때문이었다.

최남선이 일제 말의 정세를 오판하고 학도병 권유에 나선 것은 민족의 잠재적 가능성을 보지 못한 조급성 때문이었다고 생각됩니다. 그는 민족이나 국민을 연구나 계몽의 대상으로만 파악하려 했습니다. 자신이 민족의 일원이 되고 국민의 한 사람이 되어 수난의 시대를 체험해야 역사의 진실이 보이고 민족의 무한한 가능성을 알 수 있습니다. 그러나 최남선은 오로지 방관적인 학자의 자세로 민족과 역사를 관조했습니다. 그런 자세로 인하여 암울했던 시기인 1930년대 말엽에도 조선 역사를 펴낼 수 있었을 것입니다. 그러나 오로지 역사 연구 속에 매몰되면서 민족의 가능성에 대한 비전을 놓치고 말았습니다. 이것이 그가 친일의 길에 들어선 이유가 아닌가 생각됩니다.

최남선은 역사학자였건만, 우리 민족의 문화적 역량을 제대로 인식하지 못했습니다. 한민족은 수천 년의 역사 속에서 그 누구도 굴복시키지 못하는 끈질긴 생명력, 그리고 언제든지 터져 나올 수 있는 기운(신바람)을 지니고 있습니다. 이 둘이 결합됨으로써 한민족은 위대한 역사를 창조해 왔습니다. 그러나 그 위대함은 전쟁의 승리나 영토의 확장에서가 아니라, 팔만대장경 조성이나 금속활자 발명과 같은 문화의식의 발현에서 찾을 수 있습니다. 출판인이었던 최남선이 정작 출판에서 드러났던 문화민족으로서의 무한한 잠재력을 놓친 점은 비판받아야 할 대목입니다.

Q 일제강점기의 대표적인 베스트셀러는 어떤 책들인가요?

일제강점기에도 많은 책들이 베스트셀러가 되었는데, 장편소설이 주류를 이루었습니다. 그 중에서도 춘원 이광수의 『무정』이 가장 선풍적인 인기를 끌었습니다. 한국 최초의 근대적인 연애소설이라 할 수 있는 책이지요. 그 외에 대표적인 베스트셀러 소설로는 심훈의 『상록수』, 박계주의 연애소설 『순애보』를 들고 싶습니다. 하나씩 간략하게 살펴봅니다.

①『무정』

『무정』은 1917년 1월 1일부터 6월 14일까지 당시 총독부 기관지이며 유일한 국한문 신문이던 《매일신보》에 연재한 것인데, 1918년 광익서관에서 단행본으로 나왔습니다. 그 이후에도 『무정』은 판을 거듭하여 문체가 현대화되었습니다. 그래도 다음과 같은 이야기의 중심축은 바뀌지 않았습니다(이중한 외, 2001).

인기 있는 중학교사 이형식, 선각자로서 이형식의 스승이었지만 교육 사업에 투신했다가 몰락한 양반의 딸로 기생이 된 박영채, 이형식의 제자로서 미국 유학을 앞둔 양반집 딸 김선형이 벌이는 삼각관계가 그 중심축입니다. 그런 삼각관계가 마침내 조국을 위해 힘을 기르자는 다짐으로 승화합니다. 계몽주의적이고도 신소설 같은 분위기를 그려내고 있지요.

『무정』은 등장인물의 회상을 통해서 작가 춘원의 사상이나 논리를 토로하고 있는데, 구체적으로 민족개조론, 개화 방법론, 새로운 애정관, 정절관, 기성 도덕관념 비판, 여권신장론, 교육입국 등입니다.

이러한 요소들이 당시의 사회상을 반영하고 또한 사회에 자극을 준 것이라 할 수 있습니다(이임자, 1998).

『무정』은 신문에 연재되는 동안 독자들의 호응을 얻으며, 이광수 라는 이름을 사회에 널리 알리게 해주었습니다. 출판사는 그러한 인 기를 놓치지 않고 연재 후 곧바로 단행본으로 출간하고 신문, 잡지 등에 책 광고를 계속 실어 베스트셀러 자리를 굳혔습니다. 《조선문 단》에 4회나 실렸던 책 광고(1924년 10월~1925년 1월)에서 '만 부 이 상 팔리기는 조선출판계에 오직 이 『무정』뿐'이라고 할 정도로 당시 로서는 엄청난 판매 기록을 보여주었습니다.

『무정』은 문제가 많은 소설입니다. 예를 들면, 주인공의 일관성 없 는 작태, 그리고 민족의 각성을 주장하면서도 폭넓은 민중의 얼굴을 보여주지 못한 점, 스토리가 기생방과 부잣집 안방에서 이루어진 점, 당시로서는 희귀한 특수층 남녀를 모델로 했다는 점 등 여러 결함이 있지만, 한국문학사에서의 중요성뿐만 아니라 신문소설의 사명에 충 실하려 했다는 점 등이 당시의 대중에 '어필'했다고 볼 수 있습니다 (이임자, 1998).

1910년대 후반에 나온 『무정』은 사회적으로 교육 기회의 증대와 독서 인구의 증가 추세 속에서 생겨난 최초의 베스트셀러이면서 동 시에 장기간에 걸쳐 팔린 스테디셀러이기도 합니다.

② 『상록수』

『상록수』는 1935년《동아일보》창간 15주년 기념 공모 소설 현상 모집에 당선된 작품입니다. 같은 해 9월 10일부터 1936년 2월 15일까지《동아일보》에 연재되었고 1936년 한성도서에서 단행본으로 나왔습니다.《동아일보》등에서 벌인 문맹퇴치운동인 브나로드운동에 맞추어 나온 『상록수』는 이광수의 소설 『흙』과 함께 일제강점기의 대표적인 농촌계몽소설입니다. 또한, 이 소설은 단순한 픽션이 아니라 주인공의 모델들이 있어 저자 사후에도 계속 화제가 됐으며, 농촌계몽소설일 뿐 아니라 저항문학이라는 다면성 때문에 오래도록 호소력을 갖는 장기 베스트셀러가 되었습니다(이임자, 1998).

이 소설의 실화적 성격은 다음과 같습니다(민병덕, 1989).

남주인공 박동혁에 관한 이야기는 작가 심훈의 큰 조카인 심재훈과 그 주변에 얽힌 실화에서, 여주인공 채영신에 관한 이야기는 당시 신문에 보도되었던 최용신의 실화에서 그 소재를 취한 것입니다. 또 심훈 자신이 필경사(筆耕舍)에 칩거하면서 농촌 현실을 직접 목격하여 생생한 현실적 소재를 얻었습니다.

이 소설의 성격을 1980년대의 이념 소설에 비유하는 주장도 있습니다(이중한 외, 2001).

『상록수』는 3·1운동에 가담해 투옥과 망명 등을 거듭한 심훈의 체온이 실려 있는 이념소설 같다. 농대생과 신학생인 남녀 주인공이 농촌에 내려가 야학과 농촌 운동을 하다 일제 앞잡이들의 행패로 비극을 당하는 줄거리는 1980년대 운동권 지식인들이 공단에서 감행한 야학을 떠올리게 한다. 심훈의 과거를 안 총독부는 『상록수』의 연재 단계에서 검열로 만신창이를 만든 것은 물론 이를 영화화하는 것도 좌절시켰다.

또한 이 소설은 따로 책 광고를 하지 않았음에도 일제가 영화화하지 못하게 했다거나 내용에서 경제 문제를 중시하고 있는 점, 그리고 연재 시부터 당국의 검열과 감시로 물의를 일으킨 점에서 독자의 관심을 지속적으로 끌어들였습니다(이임자, 1998). 이 책은 해방 이후에도 꾸준히 팔려 여러 출판사에서 나왔고, 1981년에는 일본에서도 번역 출판되었습니다.

③『순애보』

『순애보』는 1938년 매일신보사가 실시한 현상 모집에서 당선된 박계주의 작품입니다. 이 소설은 1939년 1월 1일부터 8월 31일까지 《매일신보》에 연재되었고, 같은 해 매일신보사에서 단행본으로 출판되었습니다. 이 소설은 사랑을 주제로 유려한 문장으로 풀어나간 통속소설의 계보에 속한다고 볼 수 있습니다. 통속적인 사랑과 함께 기독교적 박애주의도 함께 내세우고 있는 이 소설은 최문선이라는 청년과 윤명희라는 처녀의 애정담인데, 줄거리가 재미있습니다(권영민

편, 2004).

최문선과 윤명희는 절친한 집안 사이의 어릴 적 친구로, 서로 다른 곳에서 성장하여 우연히 원산의 송도원 해수욕장에서 상봉한다. 둘 사이의 사랑이 싹틀 무렵, 준수한 용모의 화가이자 순정한 청년인 최문선은 동시에 또 다른 처녀 인순의 짝사랑의 대상이 된다. 인순의 간청에 의해 문선이 인순의 집을 방문했을 때, 괴한이 침입하여 인순을 살해하고 문선을 폭행한다. 문선은 장님이 되고 치정살인이라는 누명까지 쓰게 된다. 인순을 살해한 진범은 병원에 있는 문선을 방문하여 자신의 행동을 뉘우치지만, 문선은 그의 처지를 딱하게 여겨 스스로 죄를 뒤집어쓰리라고 작정한다. 그러나 문선이 사형 선고를 받자 괴한은 경찰에 자수하고, 무죄 방면된 문선은 스스로 명희의 사랑을 받을 처지가 못 된다고 생각하여, 함흥 오지의 과수원으로 몸을 숨긴다. 그러나 명희는 오지에서 아이들을 가르치며 은거하던 문선을 찾아내고 행복한 결말로 끝이 난다. 이러한 줄거리를 토대로 기독교적 희생과 용서의 정신을 강조하는 수다한 삽화들이 낭만적이고 휴머니즘적인 분위기로 채색되어 있다.

이 소설은 연재 당시에도 독자의 호응이 컸고 단행본으로 발간되자 7개월 만에 7쇄를 발간할 정도로 크게 인기를 얻었으며 해방 이후에도 오랫동안 베스트셀러의 자리를 굳혔습니다. 민병덕(1989)은 이 소설이 독자의 공감을 얻는 구조를 연구했는데 몇 가지만 소개합니다.

첫째, 기독교적 휴머니즘을 바탕으로 한 애정소설로서 헌신적인 지고의 사랑을 주제로 내세운다. 둘째, 남녀간의 열정을 나타내는 선정적인 표현이 전편에 깔려 있다. 셋째, 자기개량적이고 헌신적인 인물을 제시하고 있다. 넷째, 환상적인 표현이다. 다섯째, 현대 감각을 느끼게 해주는 외래어 사용이다.

이 소설은 총독부 기관지인 《매일신보》에 연재되었는데, 그 배경을 이렇게 말할 수 있습니다(민병덕, 1989). "『순애보』는 기독교적인 박애정신을 주제로 담고 있으나, 지난날 독립운동에 앞장섰던 기독교계가 신사참배 문제로 양분되고, 1940년 기독교도 다수 검거로 기독교 정신이 변질, 둔화되어 있던 상황에서 사상 선도, 정서 순화, 그들 나름의 문화 향상 차원에서, 민족주의 고취가 아닌 회개와 박애정신 정도는 오히려 총독부 시정에 유리하다고 판단했는지 《매일신보》에 선뜻 당선시켰다."

이 세 가지 작품 외에도 《조선일보》에 연재된 바 있는 『찔레꽃』(김말봉, 1937)과 『운현궁의 봄』(김동인, 1933) 등 많은 베스트셀러가 있습니다. 일제강점기의 대표적 베스트셀러는 신문 연재소설이 차지하고 있는데, 그 배경이 참말 아이러니합니다(한만수, 2012).

일본의 만주 침략 등 전쟁 특수로 인하여 일본 경제가 한때 살아났고 이 때문에 조선의 민간 신문에 일본 상품 광고가 많아졌습니다. 그래서 언론자본은 신문 증면의 필요를 느끼게 되었는데, 전시검열을 통과할 수 있는 성격의 지면을 늘리려다 보니 바로 부드러운 문예면의 증면이었다고 합니다. 이 과정에서 소설 공모도 활발하게 일어났던 것입니다. 이 과정을 겪으며 1930년대 이래로 문학의 상품화가 심화되었다고 할 수 있습니다.

제 **2** 부

해방 이후 출판

우
리
책
과
한
국
현
대
사
이
야
기

제1장 미군정기의 출판

Q 해방이 되고 왜 곧바로 독립국가가 되지 못했나요?

　그것은 스스로 해방을 쟁취하지 못했기 때문입니다. 1945년 해방 당시 한국은 패전국 일본의 식민지였기 때문에, 연합국인 전승국의 논의에 끼기는커녕 전리품의 하나로 취급당하는 신세였습니다. 또한, 일본과 싸운 연합국 군대의 일원이 되어 본격적인 전투에 참여하지도 못했습니다. 물론, 독립군들이 일본군과 크고 작은 전투를 벌였고 중국 소재 대한민국 임시정부 예하 군대인 광복군도 있었지만, 대부분 한국인 군인들은 오히려 일본 군대에 복무했습니다. 해방되기 직전, 광복군이었던 장준하, 김준엽 선생 등은 서울에 침투하여 일본 군대를 몰아내는 작전에 연합군 특공대의 일원으로 투입되는 훈련을 받았지만, 일본이 일찍 항복하는 바람에 참여하지 못했습니다. 그래서 임시정부 김구 주석은 해방 소식을 듣고 안타까워하며 '해방이 조금만 더 늦게 왔으면…' 하고 아쉬워했다고 합니다.

　해방을 맞았지만 임시정부는 국가 대표 자격으로 조국 땅을 밟을 수 없었습니다. 왜냐하면 해방 직후 한국 땅에는 이미 미군과 소련군이 들어와 쫓겨간 일본 정부를 대신해서 백성들을 통제하고 있었기 때문입니다. 한반도의 일본군을 무장해제시킨다는 구실로 북위 38도선을 경계로 이북은 소련 군대가, 이남은 미국 군대가 진주하여 한국을 지배하게 된 것입니다. 미국 군대란 구체적으로 '태평양 미육군 총사령부'(이하 미군)를 말합니다. 이 미군은 1945년 9월 서울에 진주하여, 태평양 미육군 최고지휘관 더글러스 맥아더의 명의로 제1호 포고령(9월 7일자)을 발표합니다. 그 내용은 '이남 지역의 모든 행정권은 본관의 권한하에서 시행함'을 전제로 하여, '주민은 본관 및 본관의 권한하에서 발포한 명령에 복종할 것, 또 점령군에 대하여 반항 행위를 하거나 질서를 해치는 행위를 하는 자는 엄벌에 처한다'는 것입니다.

이러한 조치는 미군을 해방군으로 환영하려 했던 당시 민중들의 정서와 크게 어긋났지요. 게다가 미국, 소련, 영국 등 전승국들은 한국인은 국가를 통치할 능력이 부족하니 강대국들이 5년간 신탁통치를 해야 한다고 의견을 모았습니다. 이 소식을 접한 한국의 민중과 학생들은 신탁통치 반대 시위를 격렬하게 벌였습니다. 이런 상황 속에서 연합국의 합의된 신탁통치는 없었지만, 미군과 소련군에 의한 통치는 3년이나 끌게 되었지요. 이후 남과 북이 각각 단독 정부를 수립하게 됨으로써 분단 국가가 되어 오늘에 이른 것입니다.

Q 해방이 되고도 한글은 왜 공용어가 아니었나요?

해방 직후 한글은 우리의 공용어가 되지 못했습니다. 1894년 갑오개혁 이후 한글이 짧은 기간 공용어로 채택된 바 있지만, 20세기 들어와 일본이 한반도에 영향력을 뻗치게 되면서 한글은 위축되더니 한일합방 이후 공용어의 지위를 일본어에 빼앗기게 되었고, 해방이 되면서 영어 공용어 시대가 된 것입니다. 이러한 사실은 앞에서 언급한 더글러스 맥아더의 포고문에 잘 나타나 있습니다.

군정 기간 중 영어를 가지고 모든 목적에 사용하는 공용어로 함. 영어와 조선어 또는 일본어 간에 해석 또는 정의(定義)가 불명, 또는 부동(不同)이 생(生)한 때는 영어를 기본으로 함.

더글러스 맥아더

일제강점기의 일본어에서 미군정 시기의 영어로 된 것이니 외국어끼리의 전환인 셈이지요. 물론 일제강점기에 일본어가 관청은 물론 학교, 언론에서까지 강제적으로 사용되던 것과는 달리, 미군정기에 영어는 주로 행정 및 사법 당국에서 사용되었지요. 학교나 언론에서는 우리말과 글을 사용했습니다.

그런데, 일제강점기에 한글 교육을 받지 못했기 때문에 해방이 되고도 우리말·글을 제대로 쓸 줄 아는 사람이 많지 않았습니다. 해방 이후 상당 기간 우리의 언어생활은 물론 출판물에까지 일본어와 일본식 한자가 깊이 널리 침투해 들어왔습니다. 그러나 우리말과 한글에 대한 교육이 본격적으로 시작되었습니다. 특히, 해방 직후부터 조선어학회에서 전개한 국어 교육과 한글 쓰기 운동은 주목할 필요가 있습니다. 물론 조선어학회의 한글 운동은 일제강점기에도 멈추지 않았습니다. 그 결과 일제의 탄압을 받았고, 조선어학회 주요 인사들이 감옥에 갇히고 조직이 와해되는 곤경을 겪었던 것입니다.

또한, 1945년 9월부터 한자를 폐지하고 한글만을 쓰자는 운동도 일어났습니다. 1990년대 이후 거의 모든 언론과 출판에서 오늘날과 같은 한글 전용이 이루어지기 시작했지만, 한글 전용 주장은 이미 해방 공간에서부터 있었던 셈입니다.

해방이 되자 미군정청은 일제 시기에 조선어학회가 완성한 '한글 맞춤법 통일안'을 조선어 표기법으로 채택하였습니다. 그리고 1947년 우리말 사전인 『조선말큰사전』이 을유문화사에서 발행되었습니다. 이 사전은 일제강점기에 조선어학회에서 준비했던 원고를 바탕으로 만들어진 것입니다. 이러한 사전의 출판을 기점으로, 미군정 치하이지만 한글이 우리 글자로 한국 사회에 본격적으로 등장했다고 할 수 있겠습니다.

『조선말큰사전』

　미군정의 영향은 1948년 대한민국 정부 수립 이후는 물론 현재까지도 이어지고 있습니다. 정치, 경제, 사회 구조의 변화는 물론이고, 가치관과 윤리의식도 미국이라는 외래문화의 충격 속에서 크게 달라지기 시작했습니다. 교육의 내용과 방법도 미국식 일변도로 바뀌었고, 영어의 영향력은 점점 더 커져 갔습니다. 오늘날 한국에서 영어는 해외용이 아니라 국내용으로 커다란 위력을 발휘하고 있습니다. 다시 말하면 국내 대학의 입시와 각종 시험 및 취업과 승진에서 결정적인 잣대로 작용하고 있습니다. 오늘날 영어는 미군정기에 못지 않게 중요해지지 않았나 하는 생각이 들 정도입니다. 오죽했으면 1990년대에 소설가 복거일을 중심으로 영어를 공용어로 하자는 주장까지 나왔을까요. 하긴 영어의 공용어화 주장은 일본에서도 나온 바 있으니 한국만의 현상은 아닙니다.

Q 해방 직후 어떤 출판사들이 활동했나요?

조광사, 영창서관, 박문출판사, 정음사 등 일제강점기에 설립된 출판사들도 해방 직후 활동을 했지만, 해방 후 등장한 출판사들이 대거 합세하면서 출판의 새로운 물줄기가 형성되었습니다. 구체적으로 을유문화사, 고려문화사, 건국사, 일성당, 노농사, 서울출판사, 숭문사, 민중서관, 삼중당, 동명사, 탐구당, 대양출판사 등 참으로 많은 출판사들이 해방 직후에 설립되었지요. 이때 생긴 출판사들은 대부분 정부 수립 이후에도 계속 출판 활동을 해 왔습니다.

해방 직후에 출판사가 얼마나 되는지는 당시 한국 출판인들의 단체인 조선출판문화협회에서 1949년 발간한 《출판대감(出版大鑑)》을 보면 알 수 있습니다. 《출판대감》에는 해방된 해인 1945년부터 1948년 사이에 출판한 도서 목록이 나와 있는데, 여기에는 물론 출판사 이름도 함께 있습니다. 《출판대감》에서 김창집(1949)은 출판사 숫자가 1945년 45개사에서 1946년 약 150개사, 1947년 581개사, 1948년 792개사로 늘어났다고 밝힙니다. 그런데 《출판대감》의 도서 목록을 조사한 조대형(1988)에 의하면, 1946년도에 도서를 발간한 출판사는 150개사가 아니라 216개사가 됩니다. 어쨌든 출판사 수는 1945년과 1948년 3년 사이에 747개 출판사가 더 생겨나 무려 17배 이상 늘어났습니다. 이것은 해방과 함께 지식인들이 대거 출판사업에 뛰어들었음을 의미합니다. 그러나, 출판사업을 본격적으로 전개한 출판사는 참으로 적었습니다. 《출판대감》에 실린 출판 목록을 토대로 하여, 해방 직후 3년간(1945~1948) 출판사의 출판물 발행 실적을 살펴보면, 다음과 같습니다(조대형, 1988).

《출판대감》에는 3년간 발행된 총 1,683권의 도서 목록이 실려 있습니다. 이 목록을 조사해 보면 1종 이상의 책을 낸 출판사는 458개사로 집계되었는데, 대부분 10종 미만의 도서를 낸 것으로 나와 있습니다. 즉, 5종 이하를 발행한 출판사가 385개사(84.1%), 6~9종을 발행한 출판사는 35개사(7.6%)로, 90%가 넘는 출판사들의 활동이 매우 미약했음을 알게 됩니다. 10종 이상을 낸 출판사는 38곳(8.3%)에 불과했고 이 중 100종 이상을 낸 출판사는 한 곳으로 나와 있습니다.

《출판대감》의 목록에 의거하여 다시 매년 1종이라도 출판한 출판사 수를 보면 1945년 40개사, 1946년 216개사, 1947년 212개사, 1948년 165개사입니다. 미군정기 동안 등록된 출판사 수는 계속 증가하였으나 출판 활동을 한 출판사 수는 오히려 점점 줄어들었음을 알 수 있습니다. 이것은 당시의 출판사들이 의욕만을 앞세웠을 뿐 극심한 시설 부족과 용지난, 언론통제 등으로 거의 출판을 하지 못했음을 의미합니다. 이런 중에도 가장 많은 책을 발행한 곳은 정음사로서, 1946년 이후 매년 20권 이상을 출간하여 105종을 발행하였습니다. 정음사 다음으로 발행도서 종수가 많은 곳은 89종을 출간한 을유문화사입니다. 이제 정음사와 을유문화사의 출판 활동을 소개할까 합니다.

정음사는 지난 번에 소개한 대로 한글학자 외솔 최현배가 일제강점기인 1928년 시작한 출판사인데, 최현배는 1942년 10월 조선어학회 사건으로 체포되어 옥고를 치렀고, 정음사는 1942년『한글갈』을 낸 뒤 일제에 의해 강제 휴업을 당했습니다.

1945년 해방 후 최현배는 후학들을 가르치며 국어학 연구에 매진했고, 정음사는 그의 아들인 최영해가 이어 받아 설립 취지를 살리며 더욱 활발한 출판 활동을 벌였습니다. 해방 직후 국민들은 우리말과 우리 역사에 대한 지식을 가장 절실히 갈구했습니다. 이때에 정음사는 우리 역사와 한글에 관한 책을 제일 먼저 출판하였습니다. 권덕규의『조선사』[원제목 '조선유기(朝鮮留記)']를 복간하였고,『우리말본』,『한글갈』등을 내어 낙양의 종이값을 올렸으며,《향토(鄕土)》라는 민속문화 잡지를 발행했습니다(강주진, 1974).

이 시기 정음사의 출판 실적은《출판대감》에 실린 정음사 광고면에 잘 나타나 있습니다. 두 페이지에 걸쳐 실린 정음사 광고의 첫 페이지를 보면, 윗부분 왼쪽에는 정음사의 주소와 대표 최영해의 이름이 나와 있고 윗부분 오른쪽에는 '문화인의 정음(正音)'이라는 제목의 글이 실려 있습니다. 이 글에서 최영해는 도서 목록을 독자들에게 선보인다고 하면서 독자들의 사랑을 받고 우리 문화를 향상시키려는 뜻을 독자들이 알아주기를 바란다고 호소합니다.

광고면의 도서 목록은 ①정음문고, ②교과서, ③이조실록, ④조선아동문고, ⑤기타 일반서적의 다섯 종류로 나누어져 있습니다.

①정음문고는『한양가』,『하이네 연애시』,『열하일기』,『중국 소설

선』,『자연과학과 변증법』,『조선고대문화』,『학교와 사회』 등인데, 제목만 보아도 다채로운 내용들로 이루어져 있음을 알 수 있습니다.

②교과서는『중등수학』,『조선말본』,『물상』,『중등식물』,『지질학통론』,『상업경제』,『농업통론』,『동양사』,『서양사』,『조선사』 등으로 근대 교육용 교과서가 대부분인데, 조선시대 여성용 서적인『계녀서(戒女書)』가 포함되어 있습니다. 이 책은 조선조 중엽 유학자 송시열이 시집가는 딸에게 써 준 글인데, 당시 부녀자가 평생 실천해야 하는 사항을 담아 놓았습니다.

③이조실록은『조선왕조실록』을 국판 크기 15권으로 영인한 것인데, 시기는 태조부터 태종 때까지입니다. 책을 만들 용지도 구하기 어렵고 출판 여건이 어려운 상황에서 이러한 영인 작업을 한 것은 정음사의 확고한 문화의식과 역사의식의 구현이라 할 수 있습니다.

④조선아동문고는『탐쏘여의 모험』,『소공자』,『걸리버 여행기』,『중국동화집』,『심청전』,『별주부전』 등으로 어린이 대상 동화와 소설이 주를 이루고 있습니다.

⑤기타 일반서적으로는 국어학 및 우리 역사와 문화에 대한 서적이 중심이 됩니다. 구체적으로 앞에서 말한 최현배의『우리말본』과『한글갈』, 권덕규의『조선사』외에도『국어 입문』(장지영),『조선최근세사』(이선근),『단군신화의 신연구』(김재원),『조선문학사』(김사엽),『조선과학사』(홍이섭),『조선문화 총화(叢話)』(홍기문) 등입니다.

이러한 정음사의 출판 활동은 미군정기 이후에도 계속 이어지면서 한국 출판의 발전에 크게 기여했습니다. 정음사 대표 최영해는 한글학회의 활동에도 큰 도움을 주었습니다. 한 예로, 한글학회가 『맞춤법 통일안』과 『표준말 모음』을 인쇄하여 전국 교육기관에 배포할 수 있도록 미군정청과 교섭하여 용지 500연을 마련해 주기도 했습니다. 또한, 최영해는 조선출판문화협회의 결성에도 주도적으로 참여했습니다. 1947년 정음사 사무실에서 창립총회를 하게 했고, 그 협회의 초대 부위원장을 맡았습니다. 이 협회는 1948년 8월 정부 수립과 함께 대한출판문화협회로 명칭이 변경되었고, 오늘날까지 한국의 대표적인 출판단체로 활동하고 있습니다.

을유문화사

을유문화사는 해방 직후인 1945년 12월 민병도, 정진숙, 조풍연, 윤석중이 공동으로 시작한 출판사입니다. 해방 전에 동일은행(조흥은행 전신)에 다녔던 민병도(후일 한국은행 총재), 같은 은행 동료였던 정진숙, 아동문학가 윤석중, 이태준이 주도한 잡지 《문장》의 편집장을 지냈던 조풍연, 이들 창업자 4인은 모두 30대 청년이었는데, 문화의 황무지였던 해방 공간에서 출판을 통해 일제의 강점으로 잃었던 우리 겨레의 정신을 회복시키자는 데 뜻을 같이했다고 합니다(『을유문화사 출판 60년』, 2005). 출판사의 초기 조직은 민병도 사장, 정진숙 전무, 윤석중 주간, 조풍연 편집국장 체제로 짜여졌습니다. 정진숙은 직장 동료였던 민병도의 제안과 문중 어른인 위당 정인보의 적극적인 권유로 출판사업에 뛰어들었다고 합니다.

을유문화사는 얼마 후 터진 6·25전쟁의 와중에 창업자들이 흩어지는 상황에서 정진숙이 1952년 사장으로 취임하고 1인 대표 체제로 바뀌게 됩니다. 정진숙은 2000년까지 현역 출판인으로 활동하다가 88세에 은퇴했는데, 그 이후에도 을유문화사 사무실에 매일 출근했다고 합니다. 2007년 회고록 『출판인 정진숙』을 낸 바 있는데, 이 책에서 그는 해방 직후에 '출판을 천직으로 삼게 된 것은 더할 나위 없는 좋은 운명이고 축복이었다. 사람 사는 숱한 삶의 모습들 가운데 책과 함께 살아가는 인생처럼 좋은 것이 사실 있겠는가'라고 술회했습니다(정진숙, 2007).

2008년 96세의 나이로 생을 마감한 정진숙은 60여 년 출판 외길을 걸어 오는 동안 대한출판문화협회 회장, 한국출판금고 이사장, 《출판저널》 발행인 등을 역임하며 한국 출판계의 발전에 크게 기여했습니다. 물론 그 바탕은 초창기 을유문화사의 출판 활동에 있을 것입니다. 을유문화사는 《출판대감》(1949)에 실린 자사 광고에서 '출판의 지향' 네 가지를 이렇게 밝히고 있습니다.

1. 원고를 엄선하여 민족문화 향상에 기여하자.

2. 교정을 엄밀히 하여 오식이 없도록 하자.

3. 제품을 지성(至誠)으로 하여 독자의 애호를 받자.

4. 가격을 저렴히 하여 독자에게 봉사하자.

평범하고 당연한 주장 같지만, 오늘날의 우리 출판계에서 오히려 더 절실히 요구되는 사항들이 아닐 수 없습니다.

을유문화사의 첫 번째 출판물은 1946년 2월에 나온 이각경의 『가정 글씨체첩』입니다. 이 책은 한글을 붓글씨로 쓰는 법을 알려 주고 있는데, 글씨 연습을 위한 예문으로 『훈민정음』 머리말, 우리 시조와 고전에서 뽑은 명구들을 제시합니다. 당시 한글을 모르는 인구가 많았던 실정에서 한글 교본의 출간은 시급한 출판사업의 하나였다고 생각합니다. 아울러 우리 한글을 익히게 함으로써 민족정신을 일깨우는 데에도 기여했을 것입니다.

1946년 을유문화사의 주목할 만한 출판물은 정지용의 『지용시선』, 박두진·박목월·조지훈 등 3인의 공동시집 『청록집』, 그리고 신응식의 『석초시집』입니다. 이 세 권의 시집은 해방 이후 한국전쟁에 이르기까지 우리 문학사에 나타난 서정시의 가장 중요한 흐름을 대표하는 책들로서, 을유문화사가 문학 출판의 메카로도 이름을 떨치는 시초가 되었다고 자부하고 있습니다(『을유문화사 출판 60년』, 2005).

윤석중이 창립자로 참여한 을유문화사는 어린이 문화에도 관심을 쏟아 출판사 산하기관으로 조선아동문화협회(이하 아동협회)를 설립하고 많은 사업을 벌였습니다. 1946년 2월 11일 아동협회 이름으로 아동 잡지인《주간 소학생》을 창간했는데 우리나라 최초의 주간지가 됩니다. 이 잡지는 65호째인 1947년 5월부터 월간으로 바꾸어《소학생》이라는 제목으로 발행했습니다. 또한, 아동협회에서는 『어린이 글씨체첩』,『어린이 한글책』 등도 간행하며 독자들의 큰 호응을 얻었습니다.

《소학생》

을유문화사는 민족문화의 건설이라는 취지로 최고의 학자와 전문가들이 참여하는 『조선문화총서』 시리즈를 기획하여 1947년부터 1948년까지 총 10종을 내놓았습니다. 1947년 손진태의 『조선민족설화의 연구』와 이상백의 『조선문화사 연구논고』가 발간되었고,

1948년 『조선탑파(塔婆)의 연구』(고유섭), 『고려시대의 연구』(이병도), 『조선민족문화의 연구』(손진태), 『조선시가의 연구』(조윤제), 『조선어 음운론 연구』(이숭녕), 『동방문화교류사 논고』(김상기), 『조선음악통론』(함화진), 『조선민족사 개론』(손진태) 등이 나왔습니다. 『조선문화 총서』는 프랑스 소르본 대학, 영국 런던 대학, 미국 하버드 대학, 캘리포니아 대학과 미국 의회도서관 등에서 구입하여 한국출판사상 처음으로 우리가 만든 도서가 수출되는 기록을 세웠다고 할 수 있습니다(고정일, 2012).

전 서울대 총장 고병익은 당시의 을유문화사를 떠올리며 이렇게 말한 적이 있습니다. "을유문화사라고 하면 지금도 나이든 사람들에게는, 독립된 우리나라의 학문과 문화 그 자체요, 거의 그 동일체라고 생각될 것이다. 제2차 세계대전에서 일본이 패망하면서 비로소 우리 민족이 해방되었을 때, 우리의 학문과 문화는 황폐해져 있었는데, 을유문화사는 바로 그 황야에 물 흐르는 녹지대 같은 해갈작용을 했다고 본다."

《출판대감》에는 을유문화사 광고가 2페이지에 걸쳐 있습니다. 첫 번째 페이지에는 『조선말큰사전』의 출간 소식이 전체의 80%를 차지하고 있는데, '록펠러 기증 자재 사용 / 제2권 이하 각 2만 권은 특별 염가'라는 제목을 달고 있습니다. 본문에는 록펠러재단에서 『조선말큰사전』 간행에 필요한 용지, 잉크 등 약 4만 5,000달러에 해당하는 물자를 보내준다고 적혀 있습니다. 이에 따라 『조선말큰사전』 제2권 이하 전 6권까지 각 2만 부씩 인쇄할 수 있게 되어, 이 기증 물자에서 얻는 수입의 절반은 사전을 사는 독자에게 염가로 봉사하는 데 쓰고, 나머지 절반은 조선어학회를 지원하여 금후 의미 있는 사업을 전개하기로 하였다고 밝히고 있습니다. 『조선말큰사전』은 제1권이 1947년 10월, 제2권이 1949년 3월 출간되고 1957년 10월 전 6권이 완간됩니다. 올림말 16만 4,125개에 이르는 방대한 사전입니다.

을유문화사 광고 첫 번째 페이지의 하단에는 전기물 『퀴리부인』, 월간 아동 잡지 《소학생》, 월간 학술 잡지 《학풍》 광고가 실려 있습니다. 두 번째 페이지에는 앞에서 말한 『조선문화총서』에 관한 소개가 가장 큰 비중을 차지하고, 월탄 박종화의 『역사소설선집』(전 9권), 을유신간, 을유문고 등을 광고하고 있습니다. 을유신간으로는 안호상의 『철학논총』, 고권삼의 『조선정치사』, 양주동의 『여요전주』(개정판), 서정주의 『김좌진 장군전』, 홍명희의 『임거정(林巨正)』, 염상섭의 『삼대』 등이 눈에 띕입니다. 을유문고로는 앙드레 지이드의 『전원교향곡』과 『좁은문』, 토마스 하디의 『슬픈 기병』, 전석담의 『조선사교정(敎程)』 등이 있습니다.

광고면인데도 두 번째 페이지에는 '을유문화사 연혁(1945년 12월~1949년 3월)'이 나와 있습니다. 이 연혁에는 단행본과 잡지의 발간 사업 외에도 전쟁으로 재난을 당한 학생 60명(초·중등)에게 장학금 수여(1946년 11월부터 10개월간), 소학생을 위한 음악연주회 개최(1947년 9월), 과학동우회와 공동으로 '우리 과학 전람회' 개최 등의 행사 기록도 담겨 있습니다. 출판과 함께 문화사업을 전개함으로써 민족문화를 일으켜 세우겠다는 초창기 창업자들의 의지가 담겨 있다고 하겠습니다.

Q 해방 직후 어떤 종류의 책들이 얼마나 나왔나요?

1945년 해방부터 1948년 8월 정부 수립 이전까지 다양한 책들이 나온 것은 확실한데, 전체 발행종수가 얼마나 되는지는 아직도 정확한 통계가 없어 추정할 뿐입니다. 부길만(1991)은 《출판대감》과 『대한출판문화협회 40년사』의 집계를 토대로 당시 도서 발행종수는 1945년 61종, 1946년 1,000종, 1947년 1,028종, 1948년 1,137종 등으로 정리한 바 있습니다. 물론 이러한 발행종수는 기존 자료에 근거하여 추정한 수치에 불과할 것입니다. 그나마 구체적인 출판 목록은 위의 발행종수 중에서도 1,683종에 불과하다는 것을 앞에서 본 바 있습니다.

그런데, 박몽구(2008)는 해방 공간에서 발간되었지만 확인되지 않은 출판물을 새롭게 찾아내어 발표한 바 있습니다. 그는 기존의 연구 성과들을 검토하는 한편, 당시 발간된 신문이나 정기간행물들 가운데 나타난 미등록 도서들을 점검하고, 고서점이나 소장자들의 자료를 수집 분석하는 등의 방법으로 미확인 출판물들을 발굴해내었습니다. 이 조사에서는 미확인 출판물들이 생기게 된 원인을 다음과 같이 복합적인 것으로 파악하고 있습니다.

우선, 좌우 이념의 대립에 따라 일부 좌익 서적들이 납본 절차를 기피한 점, 둘째, 지방 소재 출판사들이 납본 절차를 소홀히 한 점,

셋째, 문중본, 사가본 및 딱지본 등의 출판물 등이 정식 출판 절차를 밟지 않고 유통된 점, 넷째, 당국의 관리 소홀로 기왕에 집계된 통계 등도 제대로 보관되지 못한 점 등입니다.

박몽구(2008)의 연구는 우리의 출판문화 유산을 확장시켜주는 소중한 작업인 바, 여기에서 1945년 20종, 1946년 55종, 1947년 32종, 1948년 48종, 합계 155종의 미확인 출판물이 새롭게 발굴 조사되었습니다. 앞에서 언급했던 조대형(1988)의 정리 작업에서 나온 1,683종과 이번의 155종을 합치면 1,838종이 됩니다. 이 1,838종의 목록을 토대로 미군정기 출판물의 종류를 살펴보고자 합니다.

첫 번째로 가장 많은 비중을 차지한 것은 사회과학으로 677종 (37%)입니다. 사회과학 서적이 문학서보다 더 많이 출간된 것은 해방 정국에 나타난 특이한 현상입니다. 물론 이는 좌익 팸플릿과 서적들이 숱하게 쏟아진 데에서 온 현상입니다. 이러한 좌익계열 사회과학 분야의 도서목록을 《출판대감》에서 살펴보면, 마르크스, 엥겔스, 레닌, 스탈린, 모택동 등의 저서가 다수 나오고 박헌영의 저술도 있습니다. 외국 공산주의자들의 저서를 보면 번역자가 나오는데 주로 학회나 연구소 등 단체 명의로 되어 있습니다. 예를 들면, '스탈린학회', '조선 맑스 엥겔스 레닌 연구소', '조선산업노동조사소', '조선사회과학연구소' 등입니다. 그리고 '조선공산당 서울위원회 선전부', '조선인민당', '세계약소민족해방사' 등 정당이나 출판사에서 직접 펴낸 저서들도 포함되어 있습니다. 그러나 이러한 사회과학 도서는 1948년 이후 급격히 줄어들었습니다. 미군정이 좌익 출판물을 통제한 데에서 온 결과일 것입니다.

두 번째는 문학서인데 561종(31%)이 보입니다. 《출판대감》에 나온 문학서적은 그 종류가 많습니다. 즉, 문학, 조선문학, 고시(古詩)·시조, 신시(新詩), 문학전집, 현대소설, 기타 문학, 외국문학 등 다양합니다.

'문학'은 문학 일반론으로 김기림의 『문학개론』과 『시론』, 정지용의 『문학독본』, 이하윤의 『현대국문학정수』 등 낯익은 국내 저자들의 문학론이 있고, 외국인으로는 모택동의 『문예정책론』, 막심 고리키의 『문학론』, 리처즈의 『시와 과학』 등이 있습니다. '조선문학'은 조선문학을 집중적으로 다룬 것으로 이희승의 『조선문학연구초』, 권상노의 『조선문학사』, 백철의 『조선문학사조사』 등이 있고, '고시·시조'에서는 양주동, 조윤제 등의 연구서, 이병기, 조운, 신태화 등의 시조집, 농가월령가, 용비어천가, 송강가사, 김삿갓시집, 시경 등의 옛 시들도 있습니다. '신시'에서는 박두진 등의 청록파, 김광균, 정지용, 이육사, 김안서, 모윤숙, 오장환, 피천득, 임화, 신석정, 유치환, 최남선, 김동명, 이희승, 서정주, 정인보, 유진오, 윤동주 등 유명인사들이 시집 출판에 총동원된 듯합니다. '문학전집'은 조선문학전집 위주로 나와 있습니다. '현대소설'은 이광수, 이태준, 한설야, 김래성, 조명희, 정비석, 이기영, 김동인, 김남천, 방인근, 박종화, 이무영, 백철, 박계주, 염상섭, 심훈, 홍명희, 김말봉 등 쟁쟁한 문인들의 소설이 들어 있습니다. '기타 문학'에는 평론, 수필, 야담, 일기 등 다양한 장르가 들어 있습니다. '외국 문학'에는 바이런, 하이네, 릴케 등의 시집, 찰스 램의 수필, 에드가 스노우의 종군기, 모파상, 헤세 등의 단편소설 등 다양한 장르의 문학서들이 보입니다.

세 번째는 역사서인데 225종(12%)입니다. 역사서(전기물 포함) 역시 사회과학서와 마찬가지로 국민 계몽이나 이념 전파와 직결되기 때문에 많이 나온 것으로 보입니다. 국민 계몽은 민족의식과 독립정신의 고취로 나타났고, 많은 역사서적들이 출간되었습니다. 이미 일제강점기에 민족주의 역사학자들에 의하여 민족주의 역사관이 여러 저술로 나온 바 있고, 해방 직후에도 다시 등장했습니다. 구체적으로 박은식의『한국통사(韓國痛史)』, 신채호의『조선사론』, 문일평의『조선사화(朝鮮史話)』, 정인보의『조선사연구』등 많습니다. 민족주의 역사서 외에도『인류사회발전사』(최창익),『세계문화발달사』(웰스) 등과 같이 세계 역사를 풀어 쓴 책들도 다수 출간되었습니다.

역사서와 함께 전기물이 우리의 눈길을 끕니다.『조선영웅명인전』,『김구선생혈투사』(원제목 '도왜실기'),『의사 안중근』,『이충무공행록』,『대성인 율곡선생전』,『헬렌켈러전』,『위대한 아부라함 린컨』등과 같이 우리에게 익숙한 인물들이 있는가 하면,『카르 맑스』,『김일성장군투쟁사』같은 공산주의 계열의 서적도 있습니다. 물론 이러한 서적은 1948년 이후 자취를 감춥니다.

네 번째는 어학도서로 109종(6%)입니다. 어학도서는《출판대감》의 도서목록에서 조선어, 철자법·문법, 독본, 외국어, 한문 등 그 종류가 다양하게 나와 있습니다. 주목할 만한 출판물로는 '조선어'에서 홍기문의『정음발달사』, 최현배의『글자의 혁명』, 유열의『원본 훈민정음 풀이』, 정인승의『한글소리본』등이 보입니다. '철자법·문법'과

'독본'에서는 주시경의 『조선어문법』, 최현배의 『한글의 바른 길』, 이희승의 『한글 맞춤법 통일안 강의』, 김윤경의 『나라말본』, 이광수의 『문장독본』, 양주동 편(編)의 『민족문화독본』, 김안서의 『모범 서한문』 등 낯익은 명사들의 저술이 있습니다.

이처럼 해방 직후 우리의 말과 글에 대한 저술들이 많이 나온 것은 민족의식의 표출이라 할 수 있습니다. 하이데거는 언어는 존재의 집이라고 했습니다. 언어를 인간 존재와 인간 세계의 근거로 인식한 것입니다. 민족 언어는 민족 존재의 기반일 것입니다. 일제강점기에 일제가 한국어 사용을 금지시킨 것은 바로 우리 민족의 기반을 없애려고 했기 때문입니다. 그 시기에 학자들은 비밀리에 한글을 연구했고 지식인들은 한글 책을 숨어서 보았습니다. 이중연(2005)은 한글 말살이 폭력으로 강제되는 때에 한글소설을 읽으며 민족의식을 일깨우는 과정은, 곧 해방을 준비하는 과정이었다고 말합니다. 해방 직후 한글로 된 모든 책이 잘 팔리는 시대가 온 것은 해방을 준비한 이들이 있었기에 가능했다는 것입니다.

외국어는 『영어문법』, 『영어 회화』, 『영작문』 등 영어 학습서가 대부분이고 기타 외국어로는 독일어, 프랑스어, 러시아어, 중국어, 라틴어 등의 학습서가 보이는 정도입니다. 미군정기였기 때문에 영어 관련 서적이 많은 것은 당연한 결과이겠지요.

다섯 번째는 철학도서로 82종(4%)입니다. 철학도서는 유물론 또는 사회주의 관련 철학서가 많은 것이 특징입니다.

그 외에 순수과학, 예술, 종교 등의 분야가 있는데, 각 분야의 도서

발행종수가 3년간 60종 미만으로 1년에 20종도 채 되지 않아 생략합니다.

이상은 미군정기에 나온 출판물을 종류별로 살펴본 것입니다.

또한, 미군정기 동안 어떤 종류의 도서들이 많이 발행되고 판매되었는가에 대해서 시기별로 살펴볼 필요도 있습니다. 당시 실제 출판현장에서 활동했던 정진숙(1985. 3. 15)은 시기별 출판 특징을 이렇게 구분합니다.

- 1945년~1946년 9월 : 정치사상에 관한 팸플릿시대
- 1946년 10월~12월 : 만화, 교과서, 참고서, 영어책 등의 혼합시대
- 1947년 : 시집, 유행가집, 좌익서적 등의 난무시대
- 1948년 : 한영사전, 영한사전, 한글사전 시대

위의 시기분류는 출판유통의 일반적인 경향을 보여주는 것으로, 공보처에 등록되지 않은 도서까지도 포함된 것으로 보입니다(부길만, 1991).

이처럼 출판의 전반적 경향은 파악이 되지만, 독자들이 선호했던 구체적인 도서들, 곧 당시의 베스트셀러에 대한 것은 확실한 집계가 없는 실정입니다. 다만, 이임자(1998)와 이중연(2005)의 저술 및《출판대감》을 종합하여 다음과 같이 정리할 수 있습니다.

1945년에 나온 베스트셀러로는 앞에서 말한 최현배의 『우리말본』과 권덕규의 『조선사』를 들 수 있습니다. 1946년의 베스트셀러는 김

성칠의 『조선역사』입니다. 처음 조선금융조선연합회에서 냈는데, 다음해인 1947년 정음사에서 냈습니다. 그리고 1946년에 나온 최남선의 『신판 조선역사』(동명사)도 베스트셀러입니다. 최남선은 해방 직후 왕성한 저술·출판 활동을 벌여 이 외에도 『역사일감(歷史日鑑)』, 『쉽고 빠른 조선역사』, 『국사독본』, 『국민조선역사』, 『조선독립운동사』(부록 조선독립운동연표), 강연집 『조선의 산수』, 『조선의 고적(古蹟)』, 『조선의 문화』 세 권 등을 동명사에서 펴냈습니다.

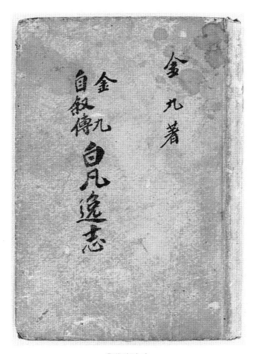

『백범일지』

1947년의 베스트셀러는 이광수의 『도산 안창호』(태극서관), 김구의 『백범일지』(국사원) 등입니다. 이광수의 작품은 해방 직후에도 다수 나와서 널리 읽혔습니다. 구체적으로 『유랑』(홍문서관), 『꿈』(면학서포), 『이순신』(영창서관), 『돌벼개』(생활사), 『선도자』(태극서관), 『원효대사』(생활사) 등 많습니다. 1948년에는 번역서인 크라브첸코의 『나는 자유를 선택하였다』(국제문화협회)가 베스트셀러에 올랐습니다. 이 책은 미국에 망명한 소련 관료가 스탈린체제를 비판한 내용을 담고 있습니다.

　미군정기의 베스트셀러를 살펴보면, 번역서도 있지만, 우리의 언어와 역사를 주제로 한 책들이 중심을 이루었음을 알게 됩니다.

제2장 제1공화국 시기 출판

Q 제1공화국 시기 한국은 어떤 상황이었나요?

미군정기는 한국 역사에서 독립국가로 존립하지 못한 시기입니다. 독립국가의 회복은 1948년 8월 15일 대한민국 정부 수립을 통해서 였지요. 이제는 왕정이 아니라 최초의 민주 공화정이었기 때문에, '제1공화국'이라 부릅니다. 그러나, 제1공화국 시기는 한국 역사에서 2개 정부 또는 국가체제가 들어선 때입니다. 남한과 북한 모두 상대방을 국가로 인정하지 않고 합법성과 정통성에서 하나의 국가라고 주장해 왔지만, 국제적으로는 1991년 9월 18일 남한과 북한이 각각 별개의 의석을 가진 회원국으로 유엔에 가입했습니다. 물론 남북한 간의 화해와 협력 도모가 그 목적이었지요. 그리고 보면 남북국시대의 도래라 할 수 있습니다. 남북국시대는 우리 역사에서 두 번째입니다.

첫 번째는 삼국시대 다음에 남쪽의 통일신라와 북쪽의 발해가 등장했던 7세기 후반부터 10세기 전반까지의 시기입니다. 통일신라는 멸망 후에 고려가 계승하여 한국사의 줄기를 이어갔지만, 현재의 러시아 연해주와 요동반도까지 영토를 확장했었던 발해는 거란족에 의하여 무너진 이후 자취를 찾기 어렵게 되었습니다. 이 때문에 중국과 러시아에서 모두 발해를 자기들의 역사라고 주장하고 있지만, 발해는 대조영을 중심으로 고구려 유민들이 말갈족과 함께 세운 고구려 계승 국가입니다. 당연히 한국사의 줄기입니다. 1990년대부터는 국사 교과서에서도 삼국시대 다음에 통일신라 시대라 하지 않고 남북국시대라 부르고 있습니다. 그래서 발해 역사도 중요하게 다루고 있습니다. 1948년 정부 수립 이후의 한국, 곧 두 번째의 남북국시대도 제대로 이해하려면 남한과 북한을 함께 다루어야 하지만, 여기에서는 남한, 곧 대한민국을 중심으로 다룰 예정입니다.

대한민국의 시작, 제1공화국은 전제왕정을 탈피했지만, 중앙집권화되고 위계질서를 갖춘 관료조직을 기반으로 하는 권위주의 정부 체제였습니다. 정부 수립 이후에도 사회는 혼란을 거듭했습니다. 좌익 계열은 정부 수립 이후에도 단독 정부 수립을 비난하는 선전·선동 활동을 멈추지 않았습니다. 좌익계열 외에 임시정부 주석을 지낸 김구도 남한 단독정부 수립을 반대했습니다. "나는 통일된 조국을 건설하려다가 38선을 베고 쓰러질지언정 일신의 구차한 안일을 위하여 단독정부를 세우는 데는 협력하지 아니하겠다." 이러한 선언을 한 김구는 1949년 6월 암살당하였고, 정국은 혼란 상태였습니다.

이처럼 정국이 안정될 기미를 보이기도 전에 6·25전쟁이 터졌습니다. 6·25전쟁 이전에도 남과 북은 서로를 불신하며 무력 통일을 외쳤는데, 급기야 북한의 무력 침공이 자행된 것입니다. 전쟁으로 인하여 수십만 명의 한국군과 미군이 죽거나 다쳤고, 한국 민간인 사망자도 100만 명이 넘었습니다. 그와 더불어 약 1,000만 명의 이산가족이 발생하여 커다란 사회적 문제를 야기했습니다. 국민경제에도 엄청난 타격을 가해, 모든 산업생산 시설이 파괴되었을 뿐만 아니라 철도, 도로, 교량 등 사회 간접자본이 막대한 피해를 입었지요. 1인당 국민소득이 100달러에도 미치지 못하는 극도의 궁핍상태를 겪었습니다. 정치적으로 6·25전쟁은 반공 이데올로기를 강화시켜 중도세력이 설 수 있는 가능성을 없애버렸습니다. 전쟁의 경험은 적에 대한 증오감을 심어주며 반공을 생활화하도록 이끈 것입니다. 당시 집권당인 자유당은 반공과 미국식 자유주의를 명분으로 내세워 독재체제를 유지하려 했습니다. 그러나 1950년대 후반 이후 독재체제를 반대하는 운동이 전개되었고, 이 과정에서 지적 풍토가 변화하며 국민적 자각이 싹텄습니다. 당시 언론은 자유민주주의를 옹호하는 운동을 폈는데 이것이 이승만 독재 반대운동으로 발전하게 되고 장준하로 대표되는《사상계》와 함석헌으로 대표되는 지식인들이 필봉을 들어 민주주의의 이념과 민족주의의 이념을 결합시켜 비전을 제시하였습니다(《한국사회연구 3》, 1985). 이러한 움직임을 보여주는 대표적인 사례인데, 함석헌은 1958년 8월《사상계》에 당시 썩은 사회를 비판한 논설, '생각하는 백성이라야 산다'를 발표하여, 지성계에 커다란 파장을 불러일으키며 국민적 각성에 기여한 바 있습니다.

　제1공화국의 자유당 정권은 국민적 지지를 얻지 못하여 대통령 선거에서 패색이 짙어지자 3·15부정선거를 일으켰는데, 이를 규탄하는 학생과 국민들의 저항에 부딪쳐 1960년 4월 붕괴되었습니다. 이러한 4월혁명의 결과로 탄생한 것이 제2공화국입니다.

Q 정부의 출판정책은 어떠했나요?

정부의 출판정책이 진흥보다는 규제에 역점을 두었다고 할 수 있습니다. 특히, 반공이데올로기를 강조함으로써 조금이라도 좌익적인 성향의 서적이나 잡지 등은 법률적 규제의 대상이었습니다. 심지어, 공산주의 서적과 다른 내용이지만 제목이나 저자 이름이 유사한 책들도 세관 통과를 시키지 않았습니다. 지금 보면 코미디 같은 규제 과잉의 검열과 금지 조치입니다. 또한, 공산주의 서적을 다수 간행했던 외국 출판사의 다른 책들도 수입을 금지시켰습니다. 월북 작가의 경우는 작품 내용과 관계없이 그의 모든 작품과 관련 자료 일체에 대하여 출판·판매를 금지시켰습니다. 또한, 반일주의를 내세워 일본 서적의 번역이나 자료 수입을 금지시켰습니다. 제1공화국 정부가 내세운 반일주의에는 앞뒤가 맞지 않는 점이 있습니다. 일제강점기에 친일 행적을 벌였던 인사들이 제1공화국의 정치, 행정, 교육, 문화의 중심부를 장악했으면서도 내세우는 구호나 검열의 기준으로 반공과 함께 반일을 내세웠기 때문입니다. 반공의 기준은 오늘날까지도 깊이 작용하고 있지만, 반일의 기준은 1965년 한일 수교 이후 서서히 엷어져 갔습니다.

그런데, 반공이데올로기나 반일 성향에 위배되는 서적의 출판·번역·수입이 금지된 속에서, 국가가 특정한 도서를 선정하여 번역·출판을 진행한 사업도 있습니다. '외국도서번역사업 5개년계획'(1953~1957)인데, 이 계획에 따라 국가 주도로 152권의 외국도서를 번역 완료했습니다. 그런데, 번역 탈고된 원고조차 출판할 여건이 되지 않자 민간 출판자본(민중서관, 청구출판사)을 끌어들여 발간을 권고하고 급기야 1959년부터는 국고에서 직접 발행하는 방향으로 선회했다고 합니다. 이처럼 갖은 우여곡절을 겪은 끝에 1959년 12월까지 94권을 출간했습니다. 번역을 끝낸 나머지 58권도 1962년까지 모두 출간 완료했습니다. 이러한 정부 주도의 출판사업은 이봉범(2012)이 평가하듯이, 기초 학술자료에 목말라하던 교육계와 실수요자들에게 근대적 지식을 공급하게 해주었는데, 그 책들은 자본주의 체제의 우월성을 설파하거나 미국 대학에서 교재용으로 사용된 이론서가 주종을 이루었습니다. 미국 중심의 문화와 가치관을 드러내는 서적들을 대상으로 하는 정부 주도 번역사업은 당시의 검열 제도와 맞물리며 행해진 것이었지만, 민간의 학술번역 출판사업을 자극한 측면도 있습니다. 출판사 입장에서는 6·25전쟁으로 인하여 물자는 물론 저술 인력도 부족한 상태에서 적은 제작비에 높은 수익률을 기대할 수 있는 번역출판이 유리했다고 할 수 있습니다(이봉범, 2012).

한편, 정부의 출판 규제는 검열이나 수입 금지 외에 출판사 등록 취소라는 자의적인 행정 규제를 빈번하게 사용했습니다. 1953년 461개 출판사 중 89개, 1954년 584개 중 155개, 1955년 500개 중 133개사가 등록취소를 당했습니다. 민족의식을 고취하는 출판 활동에 대한 일본 제국의 탄압, 좌익 출판물을 금지시켰던 미군정의 방침 등은 다시 제1공화국의 출판규제 정책으로 이어졌다고 볼 수 있습니다. 그 정책은 4월혁명 이후 짧은 기간 유지되었던 제2공화국 시기를 제외하고 1980년대의 제5공화국 시기까지 지속되었습니다. 출판정책의 중심이 규제에서 진흥으로 전환한 것은 1993년 문민정부가 들어선 때부터라 할 수 있습니다.

Q 6·25전쟁 기간에도 출판 활동을 했나요?

예, 했지요. 그것도 매우 적극적으로 했습니다. 하긴 13세기에 세계 최강국 몽골이 무자비하게 쳐들어오는데도 팔만대장경을 새겼던 민족의 후예들이니, 20세기에 전쟁이 터졌다고 해서 출판을 포기했을 리가 없지요. 더욱이 현대 한국의 출판 활동은 우리 민족의 치열한 교육열과 맞물리며 활기차게 전개되었습니다. 한국인은 제대로 쉴 거처도 없고 궁핍한 삶을 이어가야 하는 피난지에서도 천막교실을 만들어 교육을 계속했습니다. 박상만(1959)은 이러한 피난지에서의 "눈물겨운 공부는 우리 민족의 장래에 새로운 희망을 가져오게 했다"라고 평가했습니다.

이런 속에서 출판인들은 피난지에서 더 적극적으로 출판사업을 계속하고자 했습니다. 그러나 서울에서 급히 피난 온 출판인들은 출판할 준비가 전혀 되어 있지 않았지요. 북한이 38선을 넘어 쳐들어왔다는 정보를 미리 접한 이승만정부는 제일 먼저 짐을 싸서 대전으로 피신해 갔습니다. 그곳에서 이승만 대통령은 "서울을 사수하겠다"라는 담화를 녹음하고 서울의 방송국으로 보내 국민들에게 들려

주게 했습니다. '대전 기만 방송'입니다. 출판문화의 중심지인 서울은 3일 만에 점령당하였고 방송국도 공산군 차지가 되었습니다. 정부의 방송만 믿고 일찍 피난길에 나서지 못했던 출판인들은 자재나 지형, 재고도서 등은 물론이고 현금마저 챙기지 못하고 빈손으로 떠나야 했습니다. 따라서 피난 초기 3, 4개월 동안은 출판 활동이 거의 이루어지지 않았습니다. 다만, 대구, 부산 등지에 본거지를 둔 몇몇 출판인들은 아동만화, 참고서, 소설, 사전류를 간행하며 더욱 활발하게 출판사업을 벌였습니다. 피난 온 출판인들은 1951년 3월 대한민국 군대가 서울을 탈환하자 위험을 무릅쓰고 서울로 올라와 출판사 재고서적을 대구, 부산으로 운반하여 정가의 2~3배를 받고 현금으로 파는데도 오히려 품귀 현상을 빚는 기현상을 초래했습니다(황종수, 1990).

책뿐만 아니라 잡지도 널리 읽혔습니다. 더욱이 피난지에서 잡지 창간도 이루어졌는데, 전쟁 중의 일시적인 읽을거리가 아니었습니다. 전후에도 계속 발행되어 큰 영향력을 행사했으며, 현재까지도 한국 잡지문화사의 소중한 성과로 인정받고 있는 잡지들이 새롭게 등장한 것입니다. 1952년 11월 청소년 잡지인《학원》이 피난지 대구에서, 1953년 4월《사상계》가 피난지 부산에서 창간되어 엄청난 호응을 불러일으켰습니다. 이러한 현상은 앞에서 말한 '우리 민족의 장래에 새로운 희망을 가져오게 한 교육열'이 그 바탕일 것입니다.

《학원》

전쟁 기간임에도 피난 온 서울의 출판사와 피난 지역의 출판사들은 경쟁적으로 출판 활동을 벌였고 신생 출판사들도 등장했습니다. "한국전쟁을 전후하여 계몽사, 청구출판사, 현암사, 영웅출판사, 문성당, 동서문화사, 문화당 등이 출판업에 뛰어들었습니다. 현암사(조상원), 계몽사(김원대), 동아출판사(김상문), 학원사(김익달) 등은 대구에서 출발하여 나중 서울로 그 근거지를 옮기면서 한국의 대표적인 출판사로 성장하였습니다"(박용찬, 2012).

Q 어떤 종류의 책들을 출판했나요?

제1공화국 시기에는 책의 종류를 살피기에 앞서 도서 발행량이 매우 저조했음을 알아야겠습니다. 《한국출판연감》에 의하면, 연간 발행종수는 정부 수립이 있은 해인 1948년 1,200종이었는데, 제1공화국 시기 동안 크게 늘어나지 않아, 1959년에도 1,606종으로 2,000종을 넘지 못했습니다. 제1공화국 전시기(1948~1960년)에 걸쳐서 나온 도서 전체를 《한국출판연감》(1963)의 자료에 의거하여 계산하면, 분야별로 다음과 같이 나눌 수 있습니다(백운관·부길만, 1997).

전체 발행종수 1만 4,712종 중에서 학습참고서가 1위로서, 전체의 25.1%(3,699종), 문예서적이 2위로 24.4%(3,596종)를 차지합니다. 3위는 사회과학(2,621종, 17.8%), 4위는 아동 도서(1,282종, 8.7%)로 나와 있습니다. 그 외의 분야는 12년 동안 1,000종을 넘지 못하고 있습니다. 대부분의 분야에서 연간 평균 발행종수가 100종도 되지 않으니 출판산업이라 부르기조차 어려운 시절이었다고 해야겠지요. 결국, 경제적으로 열악한 당시의 출판은 교과서 출판이 주류였고 이와 함께 학습참고서가 가장 큰 출판시장이었으며, 그 다음으로 문예물이 중요한 비중을 차지했다고 할 수 있습니다.

『고난의 90일』

『내가 넘은 삼팔선』

문예물의 경우, 얇은 소설이나 시 등이 많이 나왔고 전쟁기간 중에는 『고난의 90일』(유진오, 수도문화사), 『나는 이렇게 살았다-수난의 기록』(모윤숙, 을유문화사), 『내가 넘은 삼팔선』(후지하라, 수도문화사) 등과 같은 수기류가 많이 등장했습니다. 사회과학 도서의 경우에도 해방 직후 날개 돋친 듯이 팔리던 정치변혁 관련 서적이나 좌익서적들은 정부 수립 직후 크게 줄어들었고, 그 대신 고시 공부생들을 위한 법률서적의 판매가 크게 늘었습니다. 또한, 철학에서도 마르크스 관련 서적은 사라지고 전쟁 후의 사회적 불안과 정신적 후유증 때문에, 실존주의 서적들을 찾게 되었습니다. 구체적으로 니체, 사르트르, 키에르케고르, 하이데거 등의 저작들이 번역 출판되었습니다.

그런데, 1950년대 후반에 출판시장에서는 대형 전집물이 강세를 보이는 새로운 흐름이 일어납니다. 이러한 흐름의 배경을 먼저 살펴볼 필요가 있습니다. 1950년대 중반까지 도서의 유통은 값싼 단행본을 중심으로 서점에서 이루어졌습니다. 당시는 경제 상황도 전쟁 직후여서 세계 최하위권에 속할 정도로 열악했지요. 서적이 5,000부만 팔리면 베스트셀러라고 할 정도로 출판시장도 매우 협소하였습니다. 더욱이 서점에서 팔린 책 대금도 제대로 회수되지 못했지요. 물론 그것은 서점의 운영 자체가 어려웠기 때문입니다. 이러한 시기에 일부 출판사에서는 얇은 단행본이 아니라 대형 출판물을 기획 및 발간하는 모험적인 시도를 했던 것입니다.

대형 기획물 곧 전집 출판의 선두주자는 1957년 이미 한글학회의 『큰사전』(전 6권) 발간이라는 획기적인 업적을 내놓은 바 있는 학원사입니다. 학원사에서는 『대백과사전』(전 6권)을 기획하여 1958년 3권을 출간한 데 이어 1959년 나머지 3권을 발간하여 본격적인 대형 기획물로 내놓았습니다. 그리고 판매 방법에 있어서도 혁신을 시도하여 처음으로 외교방문판매 방식에 의한 월부제를 채택하였는데, 기업적으로 큰 성공을 거두었습니다. 그 후 10여 개의 다른 출판사들도 과감하게 대형 기획물의 신간 제작에 투자를 시작하였습니다. 이렇게 하여 『세계문학전집』(을유문화사, 정음사, 동아출판사 등), 『한국문학전집』(민중서관), 『한국야담사화전집』(신태양사), 『생활총서』(학원사), 『현대사상강좌』(동양출판사), 『생물학총서』(동양출판사), 『김동인전집』(동국문화사) 등 각 분야의 전집물이 나오게 되었습니다. 이때는 '1950년대 후반'으로서 지식인을 중심으로 하여 새로운 자각과 흐름이 형성되기 시작한 시기에 해당됩니다(백운관·부길만, 1997). 이러한 전집 출판은 1960년대에까지도 왕성하게 이어졌습니다.

전집의 출판과 유통은 새로운 독서 경향을 만들어냈습니다. 당시 언론(《조선일보》, 1959. 10. 19)은 이러한 현상을 '이 가을 독서는 전집 붐'이라는 기사에서 다룬 바 있습니다. 그 내용은 첫째, 국내 출판물이 65%로 외국 번역물을 능가하고 있으며, 둘째, 일반적으로 질적 향상이 현저하고, 셋째, '붐'을 이룬 전집들이 이제까지의 소설 일색에서 논픽션류로 방향을 바꾸고 있다는 것입니다. 이것은 1950년대 말기에 새로운 독서 경향이 나타나고 있음을 의미합니다(윤금선, 2009).

Q 어떤 책들이 베스트셀러가 되었나요?

이 시기의 베스트셀러는 이임자(1998)에 의하면, 양주동의 『고가연구』(박문출판사, 1954), 유진의 『영어구문론』(경문사, 1954)과 같은 학술이나 학습서도 들어 있지만, 앞에서 언급한 수기와 소설, 시, 수필 등 문학류가 대부분입니다.

소설로는 춤바람난 주부의 탈선을 다룬 정비석의 『자유부인』(정음사, 1954), 삼각관계를 다룬 김래성의 연애소설 『청춘극장』(청운사, 1954), 《한국일보》에 연재했던 박화성의 『고개를 넘으면』(1955), 이희승의 『벙어리 냉가슴』(일조각, 1956), 《조선일보》에 발표했던 김말봉의 『생명』(동인문화사, 1957), 노벨문학상 수상작인 파스테르나크의 『의사 지바고』(박남중 역, 여원사, 1958), 홍성유의 『비극은 없다』(신태양사, 1959) 등이 베스트셀러 대열에 들어 있습니다. 시집 베스트셀러로는 1955년에 나온 한하운의 『보리피리』(인간사), 조병화의 『사랑이 가기 전에』(정음사) 등이 있습니다. 현재까지도 널리 읽히고 있는 김소월의 『소월시집』과 한용운의 『님의 침묵』도 이 시기의 베스트셀러입니다. 수필로는 김진섭의 수상집 『생활인의 철학』(덕흥서림, 1957), 최요안의 『마음의 샘터』(신태양사, 1959) 등이 있는데 차분하게 인생의 의미를 생각하게 해주는 책들입니다. 이 여러 베스트셀러 중에서 정비석(1911~1991)의 소설 『자유부인』과 한하운(1919~1975)의 시집 『보리피리』에 대하여 조금 더 살펴볼까 합니다.

『자유부인』

　『자유부인』은 1954년 1월 1일부터 8월 9일까지《서울신문》에 연재된 소설인데, 대학교수 부인이 남편의 제자인 젊은 대학생과 함께 댄스를 하며 놀아나는 이야기를 담고 있어 커다란 흥미와 논란의 대상이 되었습니다. 연재 중인 1954년 5월에 나온 이 소설은 한국 출판 사상 엄청난 반향을 불러일으켰고, 신문 연재 내내 뜨거운 화제를 불러일으켰습니다. 『자유부인』이 단행본으로 나오자 발매 당일 초판 3,000부가 모두 팔려나갔고, 1954년 한 해 동안 상하권 합쳐 8만 부, 이듬해까지 10만 부가 팔려나갔다고 합니다. 한국 최초의 본격적인 베스트셀러라 하겠습니다.

　양평(2001)은 1950년대의 상징적 베스트셀러인 이 소설을 이렇게 평합니다. "전쟁이나 분단의 본체를 다룬 것은 아니다. 전쟁에 끼여들어온 춤바람과 이로 인한 성도덕 타락이라는 그 분비물을 그린 것이다. … 그것은 전쟁의 비극이나 그로 인한 타락이기에 앞서 전환기에 처한 우리 사회의 과도기적 모습이기도 했다."

이 소설은 연재 중에 대학교수와 저자 사이에 험한 말이 오가는 논쟁이 붙어 그 인기가 더 부풀려졌습니다. 먼저, 서울대 법학과 교수 황산덕이 포문을 열었습니다. "『자유부인』을 읽어보지 않았지만 저자를 원망하고 저주하는 말소리가 매일같이 들려온다. 대학교수를 양공주에게 굴복시키고 대학교수 부인을 대학생의 희생물로 삼으려 하고 있다."(《대학신문》, 1954. 3. 1) 저자 정비석은 작품을 읽어보지도 않고 노발대발하는 것은 폭력단 이상으로 무지에서 오는 폭언을 퍼부은 것이라고 응수했습니다(《서울신문》, 1954. 3. 11). 다시 황산덕의 반론이 나옵니다. "작품의 몇 구절만 보고도 항의가 가능한 것은 중공군 전체를 볼 필요가 없이 '우리 강토에 들어온 침략군'만 보고도 반격전을 전개할 이유가 되기 때문이다. 연재물로 철없는 청소년의 정신을 마비시키고 대학의 위신과 민족문화의 권위를 모욕하는 행위는 죄악이다. 『자유부인』 작가는 중공군 50만 명에 해당하는 적이다."

당시는 전쟁 직후였기 때문에 중공군이니 폭력단이니 하는 살벌한 용어들이 문학 논쟁에서도 그대로 등장하고 있습니다. 황산덕의 기고문 중에 양공주는 미군부대 사무직 여성을 그렇게 쓴 것입니다. 평론가 백철은 작가가 대학교수를 소재로 삼은 것은 문제가 될 수 없지만, 진정한 문학 작품은 흥미와 함께 의미가 있어야 한다는 의견을 내놓은 바 있습니다.

여성단체에서는 이 작품이 전체 여성을 모독했다며 서울시경에 고발했습니다. 작가인 정비석은 치안국에 끌려가 남한의 어두운 면을 그린 것은 이북으로부터 공작금을 받는 등 모종의 관계가 있기 때문이 아니냐는 취조를 받았다고 합니다. 이 소설은 대학교수의 탈선뿐만 아니라 그 전개과정에서 우리 사회의 타락상과 부패한 모습을 세밀하게 그려내어 세태소설로도 불리고 있습니다. 또한, 작품의 스토리가 부인이 결국은 대학교수 남편에게로 돌아오게 된다는 교화적 요소도 담고 있습니다.

『보리피리』

『보리피리』는 한하운의 두 번째 시집입니다. '문둥이 시인'으로 알려진 저자는 특이한 이력의 소유자입니다. 그는 3대가 과거에 급제한 함경도 토착부호 집안 출신입니다. 전북 이리농림학교를 거쳐 일본의 성계고등학교를 마치고 1942년 중국의 북경대 농학원 축산학과를 졸업할 정도로 당대 최고의 엘리트 코스를 거쳤습니다. 그러나 북경대 대학원 재학 중 나병에 걸려 비극적 삶이 시작됩니다. 해방 후 북한 지역에 들어선 소련 군정의 불합리한 수탈에 저항한 함흥학생의거(1946년 3월)에 관련되어 감옥에 갇혔지만, 탈옥하고 남하했습니다. 1948년 남한에 오니 나병환자로서 걸식과 방랑 외에 다른 생활 대책이 없게 되었지요. 그런데, 어느 날 한하운은 정음사 사장 최영해와 시인 박거영을 길거리에서 만나게 되었습니다. 여기에서 그 걸인이 시를 쓴다는 것을 알게 된 정음사 사장은 바로 그를 일으켜 세워 출판사로 데려갔고, 그의 최초 시집 『한하운 시초(韓何雲詩抄)』가 탄생했습니다(고정일, 2012). 이 시집에는 '전라도길', '손가락 한마디', '파랑새' 등 25편의 시가 실려 있습니다.《조선중앙일보》1949년 5월 27일자에는 이 시집의 출간을 알리는 광고가 이렇게 실려 있습니다.

고독과 자학과 저주에서 참을 길 없는 울음. 구천(九天)에 사무치는 처절한 생명의 노래! 뉘 방랑의 걸객(乞客)이 이 책의 저자임을 짐작하리요. 화제꺼리에만 그치지 않는 문단 유사 이래의 걸작.

6년 뒤인 1955년, 시인 박거영은 자신이 대표로 있는 출판사('인간사')에서 한하운의 시집 『보리피리』를 출간하여 베스트셀러를 만들었습니다. 『보리피리』에는 '보리피리', '리라꽃 던지고', '부엉이' 등 깊은 울림을 주는 시들이 17편 수록되어 있습니다. 한하운은 "첫 시집을 낸 이후, 나환자 집단 거주지로 들어가서 나환자 구제사업에 몰두하느라 시를 쓸 시간을 낼 수 없었는데, 시인 박거영의 부단한 격

려에 못 이겨 방랑여정을 엮은 회상시를 쓰게 되었다"라고 책의 서문에서 밝히고 있습니다. 이 시집의 대표 시에 해당하는 '보리피리'는 곡이 붙어 널리 불리고 있습니다.

한하운은 1958년 《신문예》에 기고한 수필에서 "시작의 10년 고절은 나로 하여금 문둥이 된 것을 비관하지 않게 해 주었다. 나는 시를 씀으로서 구원을 받을 수 있고 지금은 행복하기만 하다"라고 술회한 바 있습니다. 김강식(1992)은 한하운 시가 소중한 의미를 지니는 이유는 나병인의 비극적 숙명을 비탄과 절망에 가두지 않고 생의 본질에 대한 탐구로 승화시켰기 때문이라고 보았습니다. 이것이 바로 한하운 시인이 당시 가장 많은 독자층을 확보한 이유라고 평론가들은 말하고 있습니다. 나아가, 많은 시인 지망생들은 이러한 한하운의 시에서 깊은 영향을 받았다고 고백하고 있습니다. 한 예로 시인 고은은 "중학 시절 길 위에서 누군가 분실한 것으로 보이는 『한하운 시초』를 주워 읽고 감동하여 울며 막연히 시인으로서의 길을 다짐하게 되었다"라고 술회한 바 있습니다.

제1공화국 시기를 대표하는 베스트셀러를 보면, 전후의 급격한 사회 변동과 타락상을 그려낸 통속적 대중소설이 부각됨과 동시에, 분단과 전쟁 속에서 나병환자라는 가장 처절한 비극을 시로 승화시켜 삶의 아름다움을 노래한 작품이 독자들의 크고 깊은 사랑을 받았음을 알 수 있습니다.

제3장 1960년대 출판

Q 1960년대 한국 상황은 어떠했나요?

한국의 1960년대는 4·19혁명으로 시작되었습니다. 4·19혁명은 학생들이 중심이 되어 부패한 이승만 자유당 독재 정권을 무너뜨린 민주 혁명입니다.

당시 자유당은 1960년 3월 15일 실시한 정·부통령 선거에서 이기붕을 부통령으로 당선시키기 위하여 개표를 조작하였고, 여기에 항거하여 일어난 학생 시위가 4·19혁명의 본격적인 시작이었습니다. 그러나 정부는 어리석게도 학생 시위를 경찰과 깡패를 동원한 폭력으로 저지했고, 이에 따라 부상자가 속출했습니다. 더욱이, 마산상고 학생 김주열의 사망 소식이 언론을 통해 알려지자 국민들은 경악했습니다. 이제 시위대는 전국적으로 크게 불어났고 시민과 대학 교수들까지 가세하게 됨에 따라 4월 26일 이승만 대통령이 하야했고, 자유당 정권은 종말을 고했습니다. 사망 약 100명, 부상 약 450명에 달하는 엄청난 희생을 가져온 국민적 항거는 12년 간에 걸친 장기 집권을 종식시키고 제2공화국을 탄생시켰습니다. 그런데, 제2공화국은 1년 후 5·16군사정변에 의하여 무너지고 말았습니다.

4·19혁명

　그러나, 4·19혁명은 한국 현대 민주주의의 기초를 다져 놓은 역사
적 사건으로서 3·1운동에 비견될 정도로 중요한 의의를 지니고 있
습니다. 이러한 사실은 국민주권을 기본으로 하는 대한민국의 헌법
전문에 잘 나와 있습니다.

　　유구한 역사와 전통에 빛나는 우리 대한민국은 3·1운동으로 건립된
　　대한민국 임시정부의 법통과 불의에 항거한 4·19민주이념을 계승하고,
　　조국의 민주개혁과 평화적 통일의 사명에 입각하여 정의·인도와 동포
　　애로써 민족의 단결을 공고히 하고….

1987년 10월 29일 개정된 헌법 전문의 일부분입니다.
　그런데, 이러한 4·19혁명의 주도 세력은 학생이었기 때문에 그 이후 정치에 참여할 수 없었습니다. 4월 26일 이승만 대통령의 하야 선언 이후 들어선 허정 과도정부를 거쳐 장면 민주당 정부가 등장했지만, 장면 국무총리 중심의 신파와 윤보선 대통령 중심의 구파 사이의 대립과 분열 속에서 효과적인 정무수행을 하지 못하고 있었습니다. 그 와중에 1961년 5월 16일 군부가 쿠데타를 일으켜 출범한 지 9개월밖에 되지 않는 장면 정부를 무너뜨렸습니다. 보통 장면정권의 붕괴 원인을 분열과 무능으로 보고 있지만, 서중석(2007)은 전쟁 이후 비대해진 군부가 정치권을 넘본 것이라고 주장합니다. 국가기관을 장악한 군부인 군사혁명위원회는 1961년 5월 19일 국가재건최고회의로 이름을 바꾸고 6월 6일 국가비상조치법을 공포하여 최고 통치기관이 되었습니다. 군부는 1963년 민정 이양을 발표하고 국가재건최고회의 의장이었던 박정희가 대통령 선거에 당선되며, 1963년 12월 제3공화국으로서 민간정부의 형식을 취했지만, 내용은 군부 세력의 연장선이었습니다.

4·19혁명 이후 1년간 반짝했던 자유와 민주의 분위기는 5·16군사정변 이후 크게 위축되고 말았습니다. 그러나 4·19 이후 분출되었던 국민적 저항은 1960년대 내내 계속되었으니, 구체적으로 한일회담 반대, 베트남 파병 반대, 삼선개헌 반대 등이었습니다.

한편, 군사정부는 경제개발을 본격적으로 시도합니다. 즉 서구 자본주의적 국제 경제기류에 편승하여 빈곤하고 혼란스런 한국사회를 구조적으로 변동시켜 부강하고 안정된 조국을 건설하겠다고 주장하면서 일차적 정책목표를 경제개발에 두었습니다(방정배, 1988). 그러나, 한국은 자원이 빈약하고 자본 축적이 되지 않은 상태였기 때문에, 국내의 풍부한 노동력과 외국 자본을 이용하여 수출 주도의 공업화정책을 통한 경제개발에 박차를 가했습니다. 이러한 경제개발은 양적인 측면에서 커다란 성과를 거둔 것으로 나타났습니다. 1인당 국민소득(GNP)도 1962년의 87달러에서 1969년에는 210달러로 증가했습니다. 동시에 국민의 소비 양태도 변화하여 '레저산업'이 서서히 고개를 들기 시작했습니다.

이와 함께 1960년대에는 대중문화가 본격적으로 등장하기 시작하였습니다. 대중문화는 커뮤니케이션의 발전을 전제로 합니다. 커뮤니케이션의 발전은 산업화, 도시화, 문자해득률, 국민소득 향상 등과 높은 상관관계가 있는데, 이러한 현상은 1960년대 이후 우리나라의 사회구조가 변화하는 과정에서 뚜렷이 나타났다고 할 수 있습니다(이강수, 1988). 한국의 대중문화는 텔레비전이나 라디오가 아니라 잡지 매체, 곧 주간지를 통하여 등장합니다. 1960년대에 나타난 대중적 주간지를 살펴보면, 1964년 9월 27일에 창간된 《주간한국》이 처음으로 성공을 거두었습니다. 《주간한국》은 창간 당시 5만 1,000부를 찍었으나 부수가 급격히 늘어나 1968년에는 40만 부 선에 이르기까지 했다고 합니다. 이후 1968년 《주간중앙》, 《주간조선》, 《선데이서울》, 1969년 《주간여성》, 《주간경향》 등이 창간되었는데, 이러한 주간지들이 한국 대중문화의 시대를 열었다고 할 수 있습니다.

《주간한국》 《선데이서울》 《주간여성》

　주간지의 등장과 함께 방송매체도 서서히 나오기 시작했습니다. 1961년 서울 MBC라디오, 1963년 동아방송, 1964년 TBC라디오 서울 등이 개국하였고, 1961년 KBS TV가 등장했습니다. 이에 따라 라디오 수신기와 텔레비전 수상기도 크게 늘어났습니다. 즉, 1959년 15만 대이던 라디오가 1969년 305만 3,259대로 늘어났고, 텔레비전 수상기도 1961년 2만 대이던 것이 1969년 22만 3,695대로 크게 늘어났습니다(박기성, 1988).

　텔레비전 수상기가 22만 대 정도에 불과했다는 것은 오늘날과 비교하면 격세지감이 있는 이야기이지요. 하긴 당시의 한국은 경제 사정이 최빈국을 벗어나지 못했고 개인 집에 텔레비전이 없었기 때문에, 화제가 된 레슬링 경기나 권투 시합은 동네 만화 가게에 우르르 몰려가서 모여 앉아 시청하곤 했습니다. 따라서 1960년대의 대중문화는 방송매체가 아니라 잡지 매체에 의해서 열리게 된 것입니다.

Q 4·19혁명은 출판문화에 어떤 영향을 끼쳤나요?

4·19혁명은 출판문화뿐만 아니라 한국의 문화 전반에 깊은 영향을 끼친 혁명입니다. 5·16 세력이 근대화를 통한 빈곤 탈출을 내세웠다면, 4·19 정신은 불의한 독재 정권 타도를 통한 민주주의의 구현이라 할 수 있습니다. 사람들은 5·16을 빵으로, 4·19를 자유로 상징하기도 합니다. 자유는 지식인들로 하여금 새로운 세계를 열게 하는 열쇠입니다. 김수영은 4·19 직후에 쓴 '저 하늘 열릴 때'에서 이런 말을 합니다.

사실 4·19 때에 나는 하늘과 땅 사이에서 '통일'을 느꼈소. 이 '느꼈다'는 것은 정말 느껴본 일이 없는 사람이면 그 위대성을 모를 것이오. 그때는 정말 '남'도 없고 '북'도 없고 '미국'도 '소련'도 아무 두려울 것이 없습디다.

4·19 직후의 이러한 감격이 구체적인 출판행위로 나타난 대표적인 작품으로 최인훈의 『광장』(1961)을 꼽을 수 있습니다. 『광장』은 남과 북의 정치체제를 경험한 주인공이 두 체제 모두에 환멸을 느껴 중립국을 택해서 가는 이야기를 담고 있습니다. 주인공은 중립국에도 가지 못하고 타고 가던 배에서 바다로 뛰어들어 결국 자살하고 맙니다.

6·25전쟁 이후 형성된 극심한 반공 일변도의 교육과 사회 분위기

에서 남과 북을 모두 거부한 주인공의 행동은 4·19혁명 이전이라면 소설 속에서일지라도 상상할 수 없었던 일이었지요. 그래서 최인훈은 『광장』의 '작가의 말'에서 '빛나는 사월이 가져 온 공화국에 사는 작가의 보람'을 이야기하고 있습니다. 김명준(2001)은 작가가 자신의 꿈을 마음대로 펼칠 수 있는 세계와 사랑에 기초한 인간 관계를 지속시킬 수 있는 자유에 대한 염원을 『광장』의 주인공을 통해 보여주려 한 것이라고 말합니다. 아울러, 작가는 이 작품에서 주인공의 죽음을 통해 근대가 전해준 이데올로기와 이와 연계된 분단된 질곡의 현실을 말하고자 한 것이기 때문에, 분단된 현실에 눈을 돌려야 할 것입니다(김명준, 2001).

이러한 분단의 현실에 대한 문학적 자각은 4·19혁명을 겪으며 더욱 널리 퍼졌습니다. 또한, 4·19혁명 이후 곧 1960년대에 새롭게 등장한 문인들은 어릴 적 6·25전쟁을 보고 민주교육을 받으며 자라난 세대로서, 이들은 문학을 통해 참혹한 전쟁의 체험에서 생겨난 절망이나 허무주의에 매몰되지 않고 다소 객관적 입장에서 전쟁을 문학적으로 해석할 수 있었다고 합니다(강소연, 2006).

임헌영(1986)은 4·19혁명도 세계의 각종 혁명이 문학사에 끼친 것과 똑같은 보편적인 영향을 한국 문학사에 주었다고 주장하면서, 다음 세 가지로 정리한 바 있습니다.

첫째, 언론 매체의 종류가 크게 늘어났고 독자층이 확대되었습니다. 이것은 혁명 후 어느 나라에서나 일어나는 현상입니다.

프랑스의 경우 혁명 이전 디드로가 편찬한 백과전서의 예약자가 겨우 4,000여 명에 불과할 정도로 독자층은 매우 빈약했습니다. 그러나, 혁명 이후 농민·노동자와 시민계층까지 소설 독자로 부상하여 잡지 독자가 4만여 명이나 되었다고 합니다. 중국 5·4운동 때도 1919년 한 해 동안 구어체 신문이 400여 종이나 발간되었고, 우리의 경우도 3·1운동 이후 언론 활동이 활발해졌습니다. 4·19혁명 이후 무려 1,400여 종의 잡지가 발행되었다고 합니다.

둘째, 문학 사조와 유파가 새롭게 형성되었고 문단의 세대교체가 이루어졌으며, 민중문학적 분위기가 확산되었습니다. 이런 현상 역시 프랑스혁명 이후나 중국의 경우는 물론 우리나라도 4·19 이후에 볼 수 있었던 보편적 예술방법론상의 한 모습입니다. 4·19혁명을 계기로 표면화된 60년대 문단의 세대교체 현상은, 먼저 이어령, 유종호, 정명환 등 전후 세대의 활동에서 시작됩니다(강소연, 2006).

셋째, 비평문학의 성행입니다. 어떤 혁명이든 그 이론적 근거와 논리성을 찾으려면 비평문학의 기능이 요청되는데, 4·19혁명 역시 마찬가지였습니다.

이와 아울러, 임헌영(1986)은 4·19혁명 이후 한국문학에서는 문단의 구질서를 그대로 존속시켰고, 4·19 정신을 이어받은 참여문학이 아니라 현실도피적인 순수문학의 영향력이 깊고 넓게 뻗어 4·19혁명의 좌절 이후, 이와 같은 순수문학 계열의 작품이 성행하게 되었다고 비판합니다. 그리고 이런 풍토 속에서 1960년 잠깐 동안 자유와 민족을 노래하다가 이내 다시 좌절을 맞게 된 예가 너무나 많다고 주장한 바 있습니다.

그러나, 4·19혁명은 5·16으로 인하여 좌절을 겪지만 시민들로 하여금 근대적 자각과 성숙한 사회의식을 갖게 하는 계기가 되었습니다. 또한 한국 사회에서 모든 분야의 개혁과 민주화의 근원적 힘으로 작용했으며, 역사 변혁의 주체로서 시민의 역할을 체득하게 했던 사건입니다. 그 영향은 1960년대에 특히 문학 분야에서 강하게 나타나면서 출판문화의 질적 향상에 기여해 왔습니다.

1960년대 문학은 특히 소설 분야에서 앞에서 소개한 최인훈의 『광장』 외에도 주목할 만한 작품들이 《사상계》, 《자유문학》, 《새벽》, 《현대문학》, 《신세계》, 《신동아》, 《창작과 비평》 등의 잡지 매체를 통하여 지속적으로 대거 등장했습니다. 몇 가지만 예를 들어봅니다(조남현, 2002).

황순원의 『나무들 비탈에 서다』, 최인훈의 『가면고』, 장용학의 『현대의 야(野)』, 서기원의 『이 거룩한 밤의 포옹』, 이호철의 『판문점』, 손창섭의 『신의 희작』, 남정현의 『너는 뭐냐』, 김동리의 『등신불』, 장용학의 『원형의 전설』, 전광용의 『꺼삐딴 리』, 선우휘의 『싸릿골의 신화』, 송병수의 『잔해』, 박경리의 『시장과 전장』, 김승옥의 『무진기행』, 이청준의 『병신과 머저리』, 김동리의 『까치소리』, 김원일의 『어둠의 축제』, 서정인의 『강』 등 참으로 많습니다.

또한, 시 분야에서도 4·19혁명을 기점으로 참여시가 쏟아져 나왔습니다. 그 배경과 의미를 장석주(2000)는 이렇게 말합니다.

전후의 혼란 속에서 역사와 현실을 직시하면서도 체제의 억압 때문에 좀처럼 기를 펴지 못하던 사회 참여적인 상상력이 4·19를 계기로 활성을 띠게 되는 것이다. 이 무렵의 참여시는 맹목적인 저항이나 반발에 머문 것이 아니라 삶의 가치를 구현하기 위한 의지의 표현으로 이어지고, 기법 면에서도 과거보다 훨씬 다양해진다. 4월혁명을 기점으로 쏟아져 나온 참여시의 대표 주자로는 김수영·신동엽·신동문·박봉우 등을 꼽을 수 있다.

김수영

시인 중에서도 김수영은 4월혁명이 일어나자 자유를 억압하는 현실과 치열하게 싸우면서 1960년대 참여시의 선구자가 되었습니다 (박몽구, 2006). 김수영은 4월혁명 기간에 쓴 그의 대표 시 '푸른 하늘을'을 통하여 '자유에는 피의 냄새가 섞여 있고', '혁명은 고독한 것' 이라고 알려 줍니다. 아울러, 억압체제에 항거하는 4월혁명에 흘린 피, 그리고 새로운 세계를 찾아내야 하는 혁명가의 고뇌를 느끼게 합니다.

그리고, 비평 분야는 4·19 이후 특히 눈에 띄는 분야로서 비평가들이 대거 등장했습니다. 구체적으로 김현, 백낙청, 김병익, 김치수, 김주연, 조동일, 임중빈, 구중서, 염무웅, 임헌영 같은 4·19 세대 비평가는 김승옥, 이청준, 박태순, 서정인, 박상륭, 김원일, 홍성원, 이문구 같은 동세대 작가들의 새로움을 부각시키고 가치관을 옹호하면서 이전 세대보다 훨씬 풍요로운 비평의 영지를 일궈나갔습니다(장석주, 2000).

그러나, 이와 같은 문학 분야의 강세도 서적 출판의 양적 성장을 크게 이끌어내지는 못했습니다. 출판의 양적 성장은 한글세대가 본격적으로 등장하는 1970년대 이후에 획기적으로 이루어집니다.

Q 5·16 이후 출판 상황은 변화가 있었나요?

예, 많았지요. 학생이 중심이 된 4·19 직후 출판의 자유 분위기가 퍼져 있었다면, 군인이 중심이 된 5·16 이후는 혁신이라는 이름으로 출판계 정비 작업이 과제가 되었습니다. 출판 규제의 다른 이름이지요.

5·16 이전이나 이후나 한국은 미국 원조에 기대어 살아야 했던 가난한 나라였지만, 출판을 하고자 하는 사람들은 많았습니다. 지

난번 이야기했듯이, 6·25전쟁 중에도 피난지에서 서적 발행을 멈추지 않았고 새롭게 잡지를 창간하기도 했습니다. 그러나, 당시 경제는 1인당 국민소득 100달러 정도의 열악한 상태였기에 소비가 이루어질 수 없었고, 도서 분야도 마찬가지였습니다. 출판사들도 의욕과 달리 간판만 있고 발생 실적이 전혀 없는 곳들이 많았습니다. 해외 교역 규모가 전세계에서 10위권에 드는 2018년에도 무실적 출판사 비중은 86%가 되었습니다. 물론, 현재야 출판사 수가 6만 개가 넘고 연간 매출액이 1000억 원이 넘는 출판사가 14개사가 나올 정도이니(2020년 5월 대한출판문화협회에서 발표한 〈2019년 출판시장 통계〉 자료) 단순 비교할 성질은 아닙니다. 1960년대에 출판사 수는 정확하지 않은데, 1963년 602개사, 1965년 1,052개사, 1966년 1,360개사, 1969년 1,392개사로 알려지고 있습니다(백운관·부길만, 1992). 오늘날과 비교하면 다른 나라 이야기 같지요.

5·16군사정부는 혁신정책의 하나로 1961년 7월에 출판등록을 받는 사무를 임시 중단하고 정비 작업에 착수합니다. 그해 8월에 서울과 지방에서 모두 366개사의 무실적 출판사를 가려내어 등록을 취소하고 9월 28일자로 '출판사 등록에 관한 규정'을 새로이 제정·공포하고 등록 사무를 각 시·도 교육위원회로 이관했습니다. 새 규정의 제정 취지는 출판에 관한 실태를 보다 정확히 파악하고, 출판사 상호간의 무익한 경쟁을 완화함으로써 출판을 건전하게 발전시킨다는 것이었는데, 그 이전의 등록제도와의 중요한 차이점은 다음과 같습니다(대한출판문화협회, 1987).

첫째, 등록 신청할 때 첨부토록 한 금융기관에 예금 잔고증명을 액면 20만 원에서 300만 원으로 올렸다.

둘째, 연간 1종 이상의 실적만 있으면 등록취소 대상에서 제외시켰던 기준을 강화하여 연간 2종으로 하였다.

셋째, 임의제이던 등록사항의 변경신고제를 변경 사실 발생일로부터 15일 전에 신고하도록 의무화시켰다.

넷째, 출판신고(납본) 시기는 반포 또는 판매 7일 전에 하도록 의무화하고 중판도 포함시켰다.

다섯째, 사상 및 풍기, 또는 사회질서를 문란케 할 우려가 있다고 인정되는 도서를 사열(査閱)하기 위하여 도서사열위원회를 구성토록 하였다.

여섯째, 이 규정과 정찰제 판매제도 등을 준수한다는 서약서를 제출토록 하고, 이 서약서를 이행하지 않을 때에는 등록취소를 할 수 있도록 하였다.

일곱째, 1961년 9월 13일 이전에 등록된 출판사는 이 규정에 의하여 등록된 출판사로 간주하고, 상기 '서약서'의 제출과 변경등록을 10월 22일까지 제출하도록 하였다.

위의 내용을 보면 말이 혁신이고 정비이지 철저한 규제와 검열을 하겠다는 것입니다. 여기에서 넷째 항목은 '출판신고(납본)'라는 이름으로 출판물의 판매 허가 여부를 결정하겠다는 것인데, 신간은 물론이고 중판까지 포함시켜 시중에 유통될 모든 도서를 대상으로 한 것입니다. 다섯째 항목은 검열 의도를 노골적으로 제시한 것인데, 그 기준도 '사상 및 풍기' 외에 '사회질서를 문란케 할 우려가 있다고 인정되는 도서'를 검열한다고 되어 있어 자의적인 법집행이 가능하도록 길을 열어 놓았습니다. 더 나아가 셋째와 여섯째 항목에서 출판사의 등록 취소가 용이하도록 만들어 놓았습니다. 반면에, 출판사 등록을 신청할 때 내던 예금 잔고 증명도 액면 20만 원에서 15배가 되는 300만 원으로 올려 놓아 신규 진입 장벽을 두텁게 쌓았습니다. 이러한 조치들은 지금 살펴보면 저급한 후진국의 비민주적 제도와 행태라고 할 수 있는데, 6월 민주항쟁이 일어난 1987년까지 사라지지 않고 있었습니다.

위의 규정에서 둘째 항목도 관심을 끕니다. 등록 취소를 연간 1종에서 연간 2종 이상의 실적이 없는 출판사로 그 범위를 확대하게 되자 각 출판사들은 도서 발행을 늘리게 되었습니다. 그래서 도서 발행 종수가 1960년 1,618종에서 1962년 2,966종, 1963년 3,042종으로 늘어나기도 했습니다. 그러나, 억지로 내야 하는 상황에서 나온 출판물이라 그 수준은 보잘 것 없었고 '도저히 출판물로는 손꼽을 수 없는 한갓 저속 무실(無實)한 사이비 출판물을 남발한 것'이었다는 지적도 나온 바 있습니다(안춘근, 1962. 12. 26).

위의 등록 규정에서 특기할 사항은 여섯째 항목의 '정찰제 판매제도'를 준수한다는 것입니다. 정찰제 곧 도서정가제는 출판계와 서점계에서 주장하고 희망해 온 터라 적극 호응했습니다. 즉, 군사정부에서 도서정가제 실시를 권장하고 나옴에 따라 대한출판문화협회와 전국

서적상연합회는 공동으로 정가판매 실시를 강력하게 추진할 것을 결의했습니다. 도서정가제는 예나 이제나 서점과 출판사가 함께 발전할 수 있는 기본적인 요건입니다. 특히, 정가제를 통한 판매질서의 회복과 공급체계의 정비는 당시로서는 시급한 과제였습니다. 그러나, 서슬 퍼런 군사정부의 힘으로도 도서정가제는 구두 선언에 그치고 말았습니다. 대한출판문화협회(1987)는 그 이유를 이렇게 말합니다.

> 1962년 6월의 통화개혁, 1964년 5월의 환율개정(1961년의 1300 대 1에서 255 대 1) 등의 긴축재정 정책으로 아직도 영세성을 면치 못한 출판계는 큰 어려움을 겪게 되었다. 그 위에 한일회담 반대 시위로 인한 계엄령 선포는 휴교조치 등 일련의 사태를 야기시켜 도서 수요가 감퇴하고 출판이 위축되며, 도서 시장이 불황에 빠지게 됨으로써 정가판매제 운동은 힘을 잃고 말았다.

도서정가제는 10년도 더 지난 1977년 12월에 이르러서야 출판계와 서점계 스스로 시행할 수 있었습니다.

Q 1960년대의 출판시장은 어떠했나요?

1960년대의 출판시장은 전집 출판이 주도했다고 할 수 있습니다. 전집 출판은 지난 번 설명했듯이, 1958년 학원사의 『대백과사전』이 나온 이래 커다란 붐을 이루게 되었습니다. 이런 현상은 1960년대 내내 이어졌습니다.

구체적으로 살펴보면 세계문학을 다룬 전집이 가장 쉽게 눈에 띕니다. 예를 들면, 『세계전후문학전집』(전 10권, 신구문화사, 1960), 『세계로오망전집』(전 20권, 삼중당, 1961), 『세계문학전집』(전 60권, 을유문화사, 1961), 『세계거작(巨作)전집』(전 18권, 정음사, 1962) 등입니다. 그런데 그 내용이 비슷비슷하여 중복 출판으로 볼 수 있습니다.

국가나 장르별로 나누어 발간한 전집도 다수 나왔습니다. 『러시아문학전집』(전 5권, 문우출판사, 1965), 『흑인문학전집』(전 5권, 휘문출판사, 1965), 『일본문학선집』(전 7권, 청운사, 1961), 『세계시인선집』(전 8권, 동국문화사, 1961), 『세계전기문학전집(세계의 인간상)』(전 12권, 신구문화사, 1962), 『세계단편문학전집』(전 7권, 계몽사, 1966) 등입니다.

문학전집 외에 사상이나 고전 또는 개인 전집도 있습니다. 『세계대사상전집』(전 15권, 지문각, 1965~1966), 『세계사상교양전집(후기)』(전 13권, 을유문화사, 1969), 『동양고전선집』(전 5권, 현암사, 1965), 『슈바이처전집』(전 5권, 겸지사, 1965), 『니체전집』(전 5권, 휘문출판사, 1969) 등입니다.

이러한 성인용 전집들이 출판시장에서 큰 성공을 거두자 아동용 전집도 같은 시기에 다수 쏟아져 나왔습니다. 특히, 1960년대를 전후로 다수의 소년소녀 세계 명작문학 전집류가 출판되었는데, 이는 1961년 초등학교의 학급도서 설치 운동과 1963년 학교 도서관 수요 증대 등과 맞물려 더욱 활발해진 것입니다(정복화, 2000). 구체적으로 『세계동화전집』(전 15권, 삼화출판사, 1965), 『한국아동문학독본』(전 10권, 을유문화사, 1963), 『한국현대명작동화선집』(전 8권, 계진문화사, 1963), 『한국아동문학선집』(전 3권, 교학사, 1964), 『한국아동문학전집』(전 12권, 민중서관, 1966), 『소년소녀 생활과학전집』(전 15권, 문선사, 1967), 『소년소녀 과학전집』(전 12권, 계몽사, 1967), 『소년소녀 우주과학모험전집』(전 10권, 교학사, 1969) 등이 있습니다.

아동용전집 중에서 가장 많이 팔린 것은 세계명작 동화전집인데, 주로 『보물섬』, 『로빈슨 크루소』, 『소공자』, 『소공녀』 등의 작품들을 담고 있습니다. 그런데, 이러한 아동전집들은 20세기 전반 일본 어린이들에게 적합한 추천 도서목록을 기준으로 한 것이라는 비판도 있습니다. 즉, 20세기 서구열강의 영토 확장이나 식민지 정책에 적합한 개척, 탐험, 모험물 등 팽창주의, 패권주의 입장이 깔려 있는 작품들이 비판적 여과 과정 없이 추천 도서목록으로 수용되었고 이후 상당 기간 지속되었다고 보는 것입니다(이주영, 1996. 5. 5).

그런데, 출판시장이 1960년대 내내 전집을 중심으로 확대되어가자 유사한 전집들이 쏟아져 나왔지만, 당시는 우리가 세계저작권조약에 가입되어 있지 않은 상태였기 때문에 해외 작품의 중복 출판이나 모방 출판을 막을 길이 없었습니다. 이에 따라 유사한 내용의 전집들이 숱하게 쏟아져 나왔고 전집 판매를 담당하는 외판센터도 계속해서 늘어났습니다. 결국 이러한 과당경쟁 속에서 외판센터의 경영까지 부실해져 도서대금의 회수도 제대로 이루어지지 않았고 이에 따라 도산하는 출판사들이 늘어나게 되었습니다. 이런 상황에서 외판센터나 전집에 대한 대안으로 서점에서 값싼 문고본을 팔게

하려는 시도도 나왔습니다. 이때 등장한 문고본으로 박영문고, 탐구신서, 교육신서, 현대신서 등이 있습니다. 그러나, 1960년대 출판시장은 규모로나 분위기로나 전집 출판이 대세였고 문고본은 1970년대 이후 활성화되었습니다.

Q 어떤 종류의 책들이 많이 나왔나요?

1960년대 한국 출판계는 1950년대와 마찬가지로 침체기였습니다. 1960년대 후반 이후에는 고도경제성장이 이루어지고 대중문화가 주간지를 중심으로 등장하기 시작했으나, 도서출판계는 여전히 부진을 면치 못합니다. 1960년대에 한국 경제가 지속적으로 성장해 나간 것과 달리 도서출판은 답보 상태였습니다. 일부 외판용 전집물의 발행과 판매는 활성화되었지만, 일반 서점을 대상으로 한 단행본 시장은 아직도 열악한 수준이었습니다. 1인당 GNP가 1960년 81달러에서 1969년 208달러로 2.6배가 되었지만(한국은행, 1973), 연간 도서발행 종수는 1960년 1,618종에서 1969년 2,312종으로 겨우 1.4배에 불과했습니다(《한국출판연감》 자료). 이와 같이 도서발행이 정체 현상을 보였을 뿐만 아니라 그 수량도 3,000종을 넘지 못하고 있습니다. 이것은 오늘날과 비교하면 하늘과 땅의 차이입니다. 1인당 국민 소득이 3만 달러를 넘기고, 신간 도서도 6만 5,432종(만화 6,797종 포함, 2019년 기준)을 발행하는 오늘날과 비교한다면, 어떤 종류의 책이 많이 나왔는지를 묻는 질문이 어색할 수도 있겠습니다.

또한, 1960년대는 분야별 도서 분류 작업도 체계가 잡히지 않은 시기였습니다. 1966년에 들어와서야 도서관의 장서 분류 방식인 한국십진분류법에 준거하여 도서를 분야별로 구분하기 시작했습니다. 그래서 분야별 도서발행 통계도 1966년 이전과 이후가 다르게 나타납니다. 따라서 여기에서도 1960년대 전반기(1961~1965년)와 후반기(1966~1969년)로 나누어 어떤 종류의 책들이 많이 나왔는지 살펴보고자 합니다(백운관·부길만, 1992).

1960년대 전반기에 가장 많이 발행한 도서는 학습참고서로 전체의 26%를 차지하고 있고 그 다음은 문학류(18%)와 종교서적(6%)의 순으로 나와 있습니다. 반면에 의학, 역사, 공학 분야의 서적은 각기 3% 이하로 그 비중이 제일 작게 나옵니다. 후반기에 가장 많이 발행한 분야는 문학(21%), 학습참고서(20%), 종교(11%)의 순으로 나와 있습니다. 반면에 순수과학, 총류, 철학은 각기 2% 이하로 그 비중이 제일 낮습니다. 1960년대는 전반기와 후반기를 통틀어 학습참고서와 문학류가 압도적으로 많았고, 반면에 과학서적 분야의 출간이 저조했음을 알 수 있습니다. 이것은 아직도 학습참고서와 문학류가 주류를 이루던 1950년대의 출판 상황을 탈피하지 못했음을 의미합니다.

Q 어떤 책들이 베스트셀러가 되었나요?

1960년대에는 도서발행 종수도 많지 않고 그 종류도 다양하지 않았지만, 베스트셀러는 다수 등장했습니다. 당시 베스트셀러의 성행은 잡지를 통한 대중문화의 등장과 같은 맥락으로 여겨집니다. 1960년 대의 베스트셀러 중에서 대표적인 것들을 연도별로 열거해 봅니다.

1960년: 『인간의 조건』(고미가와 쥰페이 저, 이정윤 역, 아리랑사), 『지성의 오솔길』(이어령, 동양출판사)

1961년: 『영원과 사랑의 대화』(김형석, 삼중당), 『내가 설 땅은 어디냐』(허근욱, 신태양사), 『광장』(최인훈, 정향사)

1962년: 『김약국의 딸들』(박경리, 을유문화사), 『청춘을 불사르고』(김일엽, 문선각), 『세계일주 무전여행기』(김찬삼, 어문각), 『사색인의 향연』(안병욱, 삼중당), 『고독한 군중』(이어령, 경지사), 『심야의 해바라기』(최신해, 정음사)

1963년: 『흙 속에 저 바람 속에』(이어령, 현암사), 『정협지』(김광주, 신태양사), 『가정교사』(이시자카 요지로 저, 이시철 역, 문광사)

1964년: 『저 하늘에도 슬픔이』(이윤복, 신태양사), 『순교자』(김은국, 삼중당)

1965년: 『하늘을 보고 땅을 보고』(양수정, 휘문출판사), 『시장과 전장』(박경리, 현암사), 『끝없는 여로』(김찬삼, 어문각), 『빙점』(미우라 아야코 저, 손민 역, 춘추각), 『조선총독부』(전 5권, 유주현, 신태양사), 『그리고 아무 말도 하지 않았다』(전혜린, 중앙출판사)

1966년: 『서울 1964년 겨울』(김승옥, 창우사), 『대원군』(유주현, 삼성출판사), 『원죄』(미우라 아야코 저, 강혜연 역, 한일출판사), 『머무르고 싶었던 순간들』(박계형, 신아출판사), 『바람이 불어오는 곳』(이어령,

현암사)

1967년: 『북간도』(안수길, 삼중당), 『하나의 나뭇잎이 흔들릴 때』(이어령, 현암사), 『전설 따라 삼천리』(문화방송국 편, 동서문화사)

1968년: 『분례기』(방영웅, 홍익출판사), 『석녀』(정연희, 문예출판사), 『설국』(가와바타 야쓰나리 저, 김용제 역, 동민문화사)

1969년: 『성』(프란츠 카프카 저, 김정진 역, 삼중당), 『데미안』(헤르만 헤세 저, 김요섭 역, 동민문화사), 『광복 20년』(문화방송 편, 계몽사), 『우수의 사냥꾼』(이어령, 동화출판공사), 『에세이 공자』(임어당 저, 민병삼 역, 현암사), 『지성과 젊음의 대화』(김형석 외, 인문출판사)

＊ 연도는 베스트셀러로 떠오른 시기 기준임. 여러 해에 걸친 베스트셀러는 처음 연도에만 명기함.

위의 베스트셀러를 살펴보면 몇 가지 특징을 알 수 있습니다.

첫째, 베스트셀러가 1950년대와 마찬가지로 문학 서적에 집중되어 있습니다. 다만, 문학 중에서 1950년대에는 소설, 시 등이 주류인데 비하여, 1960년대에는 수필 분야가 강세를 보이고 있습니다. 물론 1960년대에도 최인훈, 박경리, 김광주, 김은국, 유주현, 김승옥, 안수길, 방영웅, 정연희 등 쟁쟁한 소설가들이 다수 등장하여 중요한 작품들을 써냈기 때문에, 소설 부문에서도 많은 베스트셀러가 나왔습니다. 그러나 출판시장을 크게 장악한 것은 새롭게 등장한 수필 분야라 할 수 있습니다. 수필을 전문으로 쓰는 작가는 뚜렷하게 등장하지 않았지만, 대학 교수, 시인, 언론인, 스님, 의사, 여행가 등 다양한 직업군의 작가들이 쓴 수필집들이 베스트셀러 대열에 들어섰습니다.

둘째, 베스트셀러 저작자가 대부분 국내 작가들인 점입니다.

1960년대 베스트셀러에서 국내 작가들이 강세를 보이는 것은 1950년대에 이어지는 현상입니다. 베스트셀러 국내 작가들로는 앞서 언급한 소설 분야 외에 수필 분야로 이어령, 김형석, 김일엽, 양수정, 안병욱, 최신해, 전혜린 등을 들 수 있습니다. 이 중에 이어령과 김형석은 1960년대에 가장 두드러진 베스트셀러 작가였을 뿐만 아니라, 고령이 된 현재까지도 왕성한 저술 활동을 하고 있는 현역입니다. 다음 항목에서 따로 설명하고자 합니다.

1960년대 외국인 베스트셀러 작가로는 일본의 미우라 아야코, 고미가와 준페이, 유럽의 헤르만 헤세, 프란츠 카프카 정도로 작가 수가 그렇게 많지 않습니다. 그러나 외국 작가 중에 『빙점』과 『원죄』 등을 낸 미우라 아야코의 인기는 대단했습니다. 그의 작품들은 기독교적 메시지와 스토리의 흡인력으로 인하여 독자들에게 선풍적인 인기를 끌었지요. 당시는 한국이 세계저작권조약에 가입하지 않아 외국 저작물의 해적판이 성행하던 때여서 그의 작품은 여기저기에서 우후죽순처럼 나왔습니다.

1922년 일본 홋카이도에서 태어난 미우라 아야코는 초등학교 교사로서 7년간 근무했지만, 일제의 군국주의 교육에 회의가 들어 1946년 그만두었습니다. 퇴직 후 폐결핵에 걸려 13년간이나 요양

미우라 아야코

생활을 했는데 이 기간 중 기독교에 귀의했다고 합니다. 요양 후 남편과 함께 잡화점을 운영하며 소설을 썼는데, 1963년 《아사히신문》 1,000만 엔 현상 공모소설에 출품한 『빙점』이 최우수상으로 당선되어 일약 유명 작가로 떠올랐습니다. 『빙점』은 한국어로 번역된 이후 선풍적인 인기를 끌어 방송 드라마와 영화로 제작되었고, 그의 다른 작품들도 속속 베스트셀러 대열에 올랐습니다. 미우라 아야코의 작품은 1945년부터 2005년까지 중복 번역을 포함해 번역 출간 횟수가 총 306회에 이를 정도로 장기간 인기를 끌었던 일본인 작가로 조사된 바 있습니다(《문화일보》, 2008. 07. 22).

헤르만 헤세, 프란츠 카프카 등도 최근까지 널리 읽히는 친숙한 작가이지만, 여기에서 자세한 설명은 생략합니다.

셋째, 베스트셀러의 단위가 커졌습니다.

1950년대까지 베스트셀러라고 해 봐야 부수가 그리 많지 않았습니다. 1만 부만 팔리면 큰 성공으로 볼 정도였으니까요. 그러나, 1960년대에 오면 상황이 달라집니다. 베스트셀러의 단위를 크게 올려놓은 것은 이어령의 수필집 『흙 속에 저 바람 속에』입니다. 1963년 8월 12일부터 10월 24일까지 《경향신문》에 연재한 에세이를 묶은 것인데, 독특한 시각으로 우리 문화와 한국인을 분석한 내용들을 담고 있습니다. 1963년 12월 발간된 단행본은 초판 5,000부가 하루 만에 동이 났고, 1년 만에 30만 부가 팔렸습니다(《한국일보》, 2002. 9. 2). 서점에서는 물론이고 길가에서 달력이나 수첩을 파는 상인들도 이 책을 쌓아놓고 팔았다고 합니다. 그런데도 이 책이 베스트셀러가 될 줄을 당시에는 아무도 몰랐습니다. 연재가 끝나도록 출판사의 출간 섭외가 없었다고 하니까요. 현암사에 이어령의 친구 최해운이 있어 그곳에서 내게 된 것이라고 합니다(양평, 2001).

베스트셀러를 예측할 수 없는 이런 현상은 현재까지도 이어지고 있지만, 60년대의 또 다른 베스트셀러 『하늘을 보고 땅을 보고』도 여기에 해당됩니다. 이 책은 5·16 군사정변 직후 《민족일보》 편집국장 양수정이 서대문 형무소에 갇혀 있는 동안 알게 된 사형수들과 감옥 속 이야기를 쓴 것인데, 어느 출판사에서도 받아 주지 않아, 너무 영세해서 잃을 것이 별로 없었던 휘문출판사에서 내게 되었다고 합니다. 이 책은 1년 만에 15쇄를 찍을 정도로 크게 팔려 나갔습니다. 출판사는 저자와 인세가 아닌 원고료 매절로 계약하여 큰돈을 벌었고, 안국동에 2층 사옥을 살 수 있었다고 합니다(양평, 2001).

우리나라 베스트셀러의 단위는 1970년대에 더욱 커졌고, 1980년대에는 드디어 100만 부를 넘어서는 밀리언셀러가 등장하게 됩니다. 2000년대 이후에는 밀리언이 아니라 1,000만 부가 넘는 베스트셀러가 다수 나오고 있습니다. 예를 들면, 소설가 이문열의 『삼국지』, 만화가 이원복의 『먼 나라 이웃나라』, 예림당의 기획물인 『Why 시리즈』 등등 많습니다. 이러한 출판시장의 확대는 이미 1960년대부터 시작되었다고 할 수 있겠습니다.

❓ 1960년대 대표적인 베스트셀러 작가는 누구인가요?

1960년대의 대표적인 베스트셀러 저자로는 이어령과 김형석을 들 수 있습니다. 두 저자는 수필을 전문으로 쓰는 작가는 아니지만, 1960년대 초반 수필집을 내어 베스트셀러 작가로 등장한 이래 반세기가 지난 오늘날까지도 베스트셀러를 펴내고 있습니다. 1950년대에 소설가 정비석이 베스트셀러 『자유부인』을 쓴 이후에도 계속 집필 활동을 하여 1980년대에 『소설 손자병법』으로 다시 베스트셀러 작가로서의 명성을 유지했지만, 1960년대의 두 저자는 활동 기간이 정비석보다 훨씬 더 길다고 하겠습니다. 이어령의 경우부터 살펴보고자 합니다.

① 저술가 이어령

이어령은 1956년 불과 22세의 나이에 《한국일보》에 도전적인 평론 『우상의 파괴』를 발표하여 커다란 주목을 받았습니다. 그 평론에서 소설가 김동리를 '미몽(迷夢)의 우상', '모더니즘'의 기수를 자처하는 조향(趙鄕)을 '사기사의 우상', 이무영을 '우매(愚昧)의 우상'이라고 몰아세웠고, 황순원, 조연현, 염상섭, 서정주 등을 '현대의 신라인들'로 묶어 신랄한 비평을 가했습니다(이병주, 2001). 이것은 당시 김동리, 조연현, 서정주 등 문단의 대세를 이루고 있는 기성 문단에 대한 명백한 도발이라 할 수 있습니다. 이후에도 이어령은 '작품의 실존성'을 문제로 김동리와 논쟁을 벌였고, '전통 문제'로 조연현과도 논쟁한 바 있습니다.

당시 기성 문단과의 대립은 여러 신인 비평가들이 나와 전선을 형성할 정도로 심했는데 이어령이 이러한 신세대 비평가들 중 대표적인 인물이었다고 합니다. 또한, 이어령은 1950년대와 1960년대를 거치며 문학 평론에 머물지 않고, 소설 및 희곡 창작, 신문사 논설위원, 대학 교수, 일본 문화 연구, 월간 문학사상 편집, 문화부 장관, 88서울올림픽 기획 등 다양한 영역에서 활동해 왔습니다.

류철균(2001)은 1950년대에 제기한 기존 문단에 대한 신랄한 비판부터 현재에 이르기까지 다양하게 전개된 이어령의 활동이 한국사회의 시대적 상황이 낳은 현상이라고 주장합니다.

50년대의 구세대 문학 비판자라는 이미지는 비단 이어령 비평에만 적용될 수 있는 특징이 아니다. 그것은 '전통단절론'을 중심으로 한 50년대 비평 전체에 걸쳐지는 현상으로서 일정한 시대의식의 소산인 것이다. 이어령의 전방위적 문학 활동 역시 한국사회의 급격한 현대화 과정

속에서 '당돌한 개인'의 존재가 출현함으로써 자기 보존, 자기 고양, 자기 각성, 자기 해방이라는 근대적 자기의식의 자립화와 개체화가 장려되고 유도되는 사회 발전의 특수한 국면을 반영하는 것이다.

이러한 한국의 특수한 사회적 국면이 이어령에 의하여 극적으로 드러난 것이 1960년대 초반의 베스트셀러『흙 속에 저 바람 속에』입니다. 호영송(2013)은『흙 속에 저 바람 속에』는 이어령에게 저자로서 새로운 역할에 대한 아이디어를 준 중요한 책이라고 하면서 이렇게 주장합니다.

데뷔할 때 문단의 대가들을 직접적으로 공격한 적도 있으나, 그가 비로소 대중들에게 글을 통해서 힘과 역할을 보인 것이 이 책이다. 문학평론을 문학 독자들에게 보였지만, 일반 독자나 대중에게 이어령이라는 이름으로 책을 보여주는 것은 처음이었다. 결국『흙 속에 저 바람 속에』는 그저 대중 독자들에게 어필한 베스트셀러가 아니었다. 적어도 시민들의 의식의 전환을 이끈 요소를 가지고 있었다. 독자들의 감수성에 영합하여 베스트셀러가 되는 그런 책이 아니었다.『흙 속에 저 바람 속에』는 그 수사법이나 주제들이 1960년대의 독자들에게 큰 바람같이 때리는 게 있었다.

또한, 이병주(2001)는 "『흙 속에 저 바람 속에』서 너무나 많은 한국과 한국인을 발견했다. 나는 그를 통해서 한국을 재인식했다"라고 하며 이렇게 극찬합니다. "이어령의 한국인식은 감동적인 인식만이 가장 절실한 인식이라고 할 경우에 있어서의 예술적인 인식이다. … 그의 지성과 감성을 통하면 일상적인 시론마저 예술로서의 향기를 갖게 된다."

실상 이어령의 글은 문학 평론이나 비평문에서도 서정적 아포리즘 이나 산문시를 읽는 느낌이 난다는 평가를 종종 받습니다.

이어령의 저서가 꾸준히 읽히는 것은 무엇보다도 그의 독특한 문체와 수사법 때문일 것입니다. 이수향(2010)은 이어령의 수사법 또는 문체의 특징을 이렇게 표현합니다.

이어령에게 있어서 비평의 수사적 화려함은 늘 비유에서 비롯된다. 특히 이러한 방식은 문단의 도입부에 더욱 두드러진다. 서두의 우화나 비유뿐만 아니라 신화의 내용을 비평 속에 인용하는 것도 이어령의 비평적 특징이다. 이 신화의 대상은 고전적인 그리스·로마 신화의 신들에서 성경 인물, 그리고 한국 고전 문학 속에 등장하는 신화적 인물까지 모두 포함한다. 이를 통해 이어령은 다양한 지적 편력을 보여주며 비유의 논리적 근거를 좀 더 강화할 수 있는 것이다.

이어령의 비평이 그려내는 또 하나의 수사적 특성으로는 유난히 에세이적인 성격을 지니는 글이 많다는 것이다. 이러한 특징은 이어령의 비평을 접했을 때 흥미를 주고 문체나 비유가 화려한 글이라는 인상을 준다. 이어령의 비평을 접한 이들이 한결같이 주장하는 수사적 현란함

이야말로 이어령 비평의 특징적인 성격인 것이다. 그런 점에서 비록 정체불명의 외국어를 섞어 쓴 한계는 있지만, 이어령은 당대의 비평가로서 문장을 장악하고 글을 쓸 줄 알았다는 점에서 인정받을 만한 부분이 있다.

문장을 다룰 줄 아는 힘은 모든 베스트셀러 작가의 공통된 능력이지만, 이어령에게서는 특히 강력하고 매력적인 힘으로 나타난 것이겠습니다.

그런데 『흙 속에 저 바람 속에』는 한국을 너무 부정적으로 본 것이라는 지적이 제기되고 있습니다. 당시 낙후되고 빈곤한 전근대의 농업사회를 벗어나지 못한 한국을 산업사회, 근대화된 서구사회의 눈으로 바라보고 한국과 한국인을 부정적으로 비판적으로 묘사했다는 지적입니다. 즉, 이어령이 당시 한국의 상황을 폐허 더미에서, 아직 굶주림에서 벗어나지 못한 국민, 즉 이데올로기와 제국주의적 틈바구니 속에서 민족분단의 전쟁을 겪은 피지배자의 위치, 그리고 아직 근대화가 이루어지지 않은 전근대의 다른 국민들과는 차별화된, 근대와 서구 문명을 먼저 세례 받은 엘리트 지식인 계급으로서 바라보고 있다는 지적입니다(김민정, 2005).

나아가, 김민정(2005)은 그 시점의 문제점을 이렇게 비판합니다.

이어령은 이러한 한국과 한국인의 정체성을 속담, 전통놀이, 한국의 지형학적 위치, 한국어의 특성, 설화, 생활습관, 의·식·주, 여성문화, 농경문화 등을 소재로 하여 그 속에서 숨겨진 의미를 찾아내고 있다. 서문의 제목처럼 우리가 갖고 있는 '풍경 뒤에 숨겨진 의미'를 찾고 있는 것이다. 그런데 문제가 되는 것은 그 소재와 소재를 바탕으로 추출해내는 그의 주장의 논리성 이전에 그가 주장하는 한국과 한국인의 정체성이라는 것이 다름 아닌 식민지 시절 일본이 우리에게 심어준 식민주의 이데올로기에서 한 발치도 벗어나 있지 않다는 것이다. 좀 더 확대시키자면 서양이 동양을 타자화하여 그 차이를 확대 고정시킨 문명/야만, 질서/무질서, 남성/여성, 적극성/소극성, 능동/수동의 이분법적 오리엔탈리즘을 재생산해내고 있는 것이다.

궁핍하고 낙후했던 한국에 대한 이러한 부정적인 인식은 당시 대부분의 지식인들에게 널리 퍼져 있었습니다. 물론 그렇지 않은 지식인들도 있었습니다. 예를 들면 언론인 이규태는 1960년대부터 한국과 한국인을 긍정적으로 보는 칼럼이나, 기획 기사를 《조선일보》에 연재하였고 이후 『한국인의 의식구조』 등 다수의 저술을 남겼습니다.

다른 한편 당시에도 일부 지식인들은 한국의 전통을 긍정하며 새롭게 평가하려는 시도들을 이어갔습니다. 구체적으로, 에밀레 미술관 관장 조자룡은 민화를 통하여 한국인의 심성과 정체성(正體性)을 보여주었고, 브리태니커 백과사전 동양 지사장을 지냈던 한창기는 우리의 전통 문화 선양에 큰 관심을 쏟았으며 월간 《뿌리깊은 나무》를 창간하여 한국의 전통과 문화를 현대의 시점에서 새롭게 부각시켜 사회적으로 큰 울림을 주었습니다.

이어령은『흙 속에 저 바람 속에』출간 이후에도 계속해서 한국인과 한국 문화의 탐색에 열정을 바쳐왔습니다. 결과물로 나온 것이 1986년의『신한국인』, 1992년의『그래도 바람개비는 돈다』등입니다. 이 책들에서는 부정보다는 긍정의 목소리가 더 크게 느껴집니다. 그런데, 초등학교 내내 일본 교육을 받으며 자란 이어령이 한국과 한국인에 대한 생각이 부정에서 긍정으로 본격적으로 바뀐 시기는『축소지향의 일본인』(東京 學生社, 1982)을 일어판으로 펴낸 이후부터라 할 수 있습니다.

『축소지향의 일본인』

이어령은 책을 내게 된 동기를 이렇게 밝힙니다. "이 책을 쓰려고 기획한 것은 내가 1973년 프랑스에 머물고 있을 때의 일이었다. 그러니까 의식(意識)비평의 한 방법으로 일본 문화의 텍스트를 읽어보려고 한 것은 일본보다도 프랑스에서 얻은 착상이다. 롤랑 바르트의『일본론』, 조르쥬 플레의『플로베르론』등을 읽으면서 내 머리에 문득 떠오른 것이 '축소지향'이라는 개념이었다. 그것으로 일본 문화를 조명해 보면 한국과 분명히 다른 일본의 나상(裸像)을 볼 수 있을 것이라는 막연한 자신감이 들었던 것이다."(이어령, 1986)

김민정(2005)은 『축소지향의 일본인』 출간 이후 달라지는 이어령 작품세계의 특성을 두 가지로 밝힙니다.

첫째, 근대화에 대해 지금까지 적용했던 서양 중심의 기준 대신 자신이 생각하는 올바른 근대에 대한 기준이 재정립되었기에 한국 근대화에 대한 주체적인 평가와 자신감이 작품에 나타난다는 것이다. 둘째, 지금까지 서양의 근대성과는 거리가 있었던 한국의 정체성에 대해 이제는 열등의식에서 벗어나 탈근대의 시각으로 그 가치를 평가할 수 있게 되었기 때문에 지금까지 묻어 두었던 한국 문화에 대한 가치를 새롭게 인식하며 나아가 한국 문화의 특성이 새로운 시대에 잘 적용될 수 있다는 확신이 작품의 표면에 나타나기 시작한다.

이런 시각의 변화 속에서 『흙 속에 저 바람 속에』가 베스트셀러가 되고 여러 차례 인쇄되어 나왔습니다. 『흙 속에 저 바람 속에』는 1963년 현암사, 1969년 동화출판공사(『이어령전집』에 포함), 1975년 범서출판사, 1984년 갑인출판사(전집), 1986년 삼성출판사(전집), 1996년 문학사상사, 2002년 문학사상사(전집)에서 출간되었습니다. 그러나, 이 과정에서 내용의 수정이나 개정판 발행은 없었지요. 다시 말하면, 한국의 시대 상황이 급변해 가는 중에 출판사를 옮겨도 책의 내용을 바꾸지 않았습니다. 이것은 이어령의 스타일 때문이었습니다. 어린 시절 붓글씨를 배울 때 '한번 내려쓴 글씨에 개칠하면 안 된다'라는 교훈을 얻었고, 이를 평생 간직하고 실천했기 때문이었습니다.

이와 대조적으로 소설가 최인훈은 대표 작품『광장』을 10차례 정도 수정한 것으로 기억한다고 말합니다. 그 과정은 대략 다음과 같습니다. "4.19혁명이 일어났던 1960년 잡지《새벽》11월호에 발표됐을 때 원고지 600매 분량의 중편소설이었던『광장』은 이듬해 정향사에서 단행본으로 낼 때 200여 매를 덧붙여 장편소설로 발표됐다. 최인훈은 1967년 신구문화사에서 간행한『현대한국문학전집』에 이 작품을 실으면서 교정했고, 1973년 민음사판 단행본을 내면서는 한자어를 한글로 바꾸고 갈매기 장면을 손질했다. 1976년 문학과지성사가 발간한『최인훈전집』을 통해서『광장』은 또 한차례 개작 수준의 대폭 수정과 교정이 이뤄졌다. 가장 최근에는 2010년 전체작품 194쪽 가운데 14쪽 분량에 이르는 관련 내용 4곳을 삭제하고, 이를 대체할 부분을 새롭게 썼다. 문학과지성사는 2015년『광장』출간 55주년을 기념해 개정판을 내며 새로운 버전의『광장』을 선보였다."(연합뉴스, 2015. 2. 1)

작품의 개작 여부는 옳고 그르고의 문제가 아니라 저자 나름의 스타일 때문이라 할 수 있겠습니다. 그러나 이어령으로서도 시대 인식의 변천과 함께 한국사회의 변화를 외면할 수는 없어, 2002년 문학사상사 판에서 처음 내용은 그대로 두고 질의응답의 형식으로 내용을 보충하는 대담을 실어 40년의 변화를 담고 있습니다. 책 제목도 『흙 속에 저 바람 속에-증보, 그 후 40년』입니다. 책 속의 대담에서 저자는 과거를 회고하며 미래를 전망합니다.

『흙 속에 저 바람 속에』라는 그 에세이는 농경사회를 산업사회의 패러다임으로 바꾸려는 손뼉 응원 같은 것이었지요. 그러나 40년이 지난 지금 그 산업사회를 딛고 다시 지식정보사회의 새로운 문명의 유랑자로서 새 패러다임을 만들어가야 합니다. 2, 30대의 그때처럼 얼굴에 홍조도 없이 말입니다. 고희의 나이에 인터넷을 하고 아이들과 채팅을 하며 아바타로 내 분신을 만들기도 하는 나는 IT의 선교사라는 별명을 얻기도 했습니다.

『흙 속에 저 바람 속에』는 국내에서 커다란 반향을 일으키며 대성공을 거두어 저자인 이어령은 1960년대에 이미 인세 수입만으로 작가 생활을 할 수 있는 소수 문필가 중의 하나로 올라섰습니다. 그뿐 아니라 외국에서도 큰 관심을 보여 영어, 중국어, 일어로 번역되었는데, 그 과정을 소개합니다(양평, 1985 ; 이세기 외, 1993).

1965년도에는 로열 아시아협회가 한국 연구에 필요하다고 번역을 요구해 와, 한림출판사가 번역본을 납품하는 한편, 미주(美洲)지역에 수출했습니다. 당시 한국에 거주하던 데이비드 스타인버그가 한국인 부인의 도움을 받아 내놓은 이 번역본은 콜럼비아대 등에서 동양학 연구 자료로 쓰였습니다. 1975년에는 대만의 원성문화도서공응사(源成文化圖書供應社)에서 사토사풍(斯士斯風)으로 번역되었습니다. 이 책을 보고 세계적인 문필가인 임어당(林語堂)은 이어령을 '동양에 떠오른 문학의 거성'이라고 찬양했다고 합니다. 1978년에는 일본의 출판사가 재일동포 배강환의 번역으로 내놓았는데, 제목은『한(恨)의 문화사』(學生社)입니다.

『흙 속에 저 바람 속에』외에도 이어령은『저항의 문학』,『장군의 수염』,『고독한 군중』,『신한국인』,『축소지향의 일본인』,『디지로그』,『지성의 오솔길』,『지성에서 영성으로』등등 수많은 저술들을 펴내어 베스트셀러 작가로 크게 활약하며, 한국 사회와 문화계에 막대한 영향을 끼쳤다는 평가를 받고 있습니다. 물론 다른 평가도 있습니다. 작가 서해성은 이어령은 '발견의 구라'라고 칭하며 "과학실험실에서 막 나온 것 같은 인물이지만, 그 발견의 힘을 현실로 바꾸거나 그것을 위하여 자기를 던진 적이 없었다"라고 비판했습니다(《한겨레신문》, 2010. 9. 30).

이어령은 2022년 88세로 세상을 떠날 때까지 서재에 구비한 7대의 컴퓨터를 활용하여 수많은 자료를 섭렵하고 항상 책 속에서 살며 저술작업을 멈추지 않았습니다. 이어령은 1960년대 이후부터 현재에 이르기까지 한국 출판시장의 확장에 크게 기여한 대표적인 저술가의 한 사람이라 할 수 있겠습니다.

저는 1960년대 고교 시절 이어령의 글을 짜릿하고 멋있다고 느끼면서 읽은 기억이 납니다. 대학 시절에는 한국을 너무 부정적으로 보는 관점에 의문이 들어, 우리 문화에 대한 긍정적인 시각을 지닌 글들을 찾아 읽기도 했지요. 그래도 문학사상사 주관 행사 등에서 문학의 역할을 강조하던 그의 강연에는 공감하곤 했습니다. 또 다른 강연에서는 『흙 속에 저 바람 속에』가 베스트셀러가 된 것이 제목을 순우리말로 쓴 때문이라는 이야기도 들었습니다. 풍토(風土)를 우리말로 바꾼 것이 책의 제목이었다는 것이지요. 그러고 보면 그의 저서 제목 중에 산뜻한 우리말 표현이 많습니다. 『하나의 나뭇잎이 흔들릴 때』, 『바람이 불어오는 곳』, 『그래도 바람개비는 돈다』, 『나를 찾는 술래잡기』 등등.

그런데, 이어령은 초등학교 내내 한글은커녕 우리말도 쓰지 못하고 살았던 시대의 인물입니다. 그의 고백은 참 절실합니다.

"초등학교 6학년 때까지 한글을 쓸 줄도 읽을 줄도 몰랐다. 일장기가 걸린 교실에서 일본어로 교육을 받았던 탓이다. 남들에게는 너무도 당연한 일이겠지만 식민지 아이로 태어난 나에게는 지금까지도 한국말로 이야기하고 한국말로 글을 쓰며 그것으로 밥먹고 세상을 살아가고 있다는 것이 너무나도 고맙고 황송하고 눈물겹도록 큰 축복이라고 여겨왔다."(《중앙일보》 2009. 3. 25)

출판학회 활동을 하던 90년대에 저는 학회 세미나에 와서 출판과 책의 중요성을 역설하던 그의 기조연설을 듣고 전폭적인 지지를 보냈습니다. 그의 색다른 베스트셀러 『지성에서 영성으로』를 보면서는 이어령으로서 참으로 뜻밖의 저술이다 싶으면서도 기독교를 받아들이며 그의 사고가 더 깊어진 것 아닌가 하는 생각도 해 보았지요.

갑상선암이 재발해 있던 딸이 설상가상으로 실명 위기 속에 놓이게 되자, 아버지 이어령은 내 딸이 "볼 수만 있게 해주신다면 저의 남은 생을 주님께 바치겠나이다. 아주 작은 힘이지만 제가 가진 것이라고는 글을 쓰는 것과 말하는 천한 능력밖에 없사오니 그것이라도 좋으시다면 당신께서 이루시고자 하는 일에 쓰실 수 있도록 바치겠나이다." 하는 기도를 하나님께 올렸는데, 7개월 만에 딸의 망막박리 증세가 사라졌던 일화를 말합니다.

무신론을 강력히 주장했던 이어령은 2007년 기독교 세례를 받고, 2010년 신앙고백서라 할 수 있는 〈지성에서 영성으로〉(열림원)를 펴내게 된 것입니다. 이 책에서 그는 자신이 종교를 갖게 된 까닭이 '죽는다는 걸 생각하며 살라'는 뜻의 라틴어 문장 '메멘토 모리' 때문일지도 모른다고 말합니다. 또한, 그가 일본에서 혼자 생활하는 동안 느꼈던 고독이 신에 대한 이해로 이어지고, 하와이에서 살던 딸의 실명 위기 사건이 일어나면서 기독교를 믿기로 결심을 굳히게 된 것입니다. 그 후 이어령은 종교를 주제로 한 강연이나 인터뷰에도 자주 나갔지요.

2013년 한국이 주제국으로 초청받은 동경 국제도서전에서는 일본 최고의 지성이요 저술가로 알려진 다치바나와 이어령의 대담 프로그램이 진행되었습니다. 저도 그곳에서 두 저술가의 토론을 경청할 기회를 가졌습니다. 이때 행한 공개 대담 내용은 그가 2022년 펴낸 〈거시기 머시기 : 이어령의 말의 힘, 글의 힘, 책의 힘〉(김영사 발행)에 나와 있습니다. 공개 대담에서 사회자가 80세의 이어령에게

60년 책 인생을 이야기해달라고 요청하자, 이어령은 60년이 아니고 80년 동안 책과 함께 살아왔다고 정정해 줍니다. 즉, 돌잔치에서 활, 돈, 쌀, 장난감을 놔두고 책을 집어 들었으니, 이것이 첫 번째 책이고, 두 번째 책은 어머니라는 책이라고 설명합니다.

어머니는 저에게 항상 책을 읽어주셨습니다. … 제가 글을 깨치기 전에 어머니가 책을 읽어주셨기 때문에 어머니의 가슴, 어머니의 말, 어머니께서 읽어주신 수많은 자음과 모음이 저의 상상력을 키운 책이었습니다. … 어머니는 끝없이 소리 내어 책을 읽어주셨기 때문에 제게 책이란 묵독(黙讀)이 아닌 어머니와 공유하는 소리의 세계였습니다.

이어서 책에 관한 자신의 생각을 밝힙니다. "미래의 책이 어떤 것인지 묻지 말고, 미래를 위해 우리가 어떤 책을 만들어야 할 것인지 생각해 봅시다. 그게 바로 지금 우리가 해야 할 발명입니다. 종이책을 그대로 사이버 세계로 옮기는 것이 전자책이라고 생각하는 어리석음은 오늘로 끝냅시다. 그건 전자책이 아닙니다. 어머니의 몸처럼 육체가 있고, 관념이 있고, 감성이 있는 그런 책이 반드시 나올 것입니다. 인간이 육감이라고 하는 새로운 미디어의 책이 생겨날 것입니다."

2015년 8월에는 새로운 저서 『가위 바위 보 문명론』을 펴냈습니다. 이 책은 한·중·일 삼국의 상생과 협력 메시지를 담고 있는데, 인류공동체 의식이 아직도 부족한 우리 사회에 중요한 시사가 되지 않을까 싶습니다.

이어령은 2017년 암 진단을 받지만, 치료를 거부하고, 2022년 2월 26일 췌장암으로 삶을 마칠 때까지 독서와 사색, 연구와 집필에 더욱 몰두했습니다. 이때 펴낸 책으로 〈거시기 머시기 : 이어령의 말의 힘, 글의 힘, 책의 힘〉(김영사), 〈너 어디로 가니 : 식민지 교실에 울려퍼지던 풍금 소리〉(파람북), 〈너 누구니 : 젓가락의 문화유전자〉(파람북), 〈너 어떻게 살래 : 인공지능에 그리는 인간의 무늬〉(파람북) 등이 있습니다.

2022년 6월, 이어령이 병상에서 적었던 생애 마지막 육필 원고가 〈눈물 한 방울〉(김영사)이라는 제목의 책으로 나왔습니다. 이 책에는 어린 시절 어머니와의 추억, 세상을 놀라게 한 자유로운 사유와 창조적 영감, 병마와 싸우며 죽음 앞에 선 인간의 고뇌, 가슴과 마음에 묻어두었던 절규 등 생전에 공개하지 않았던 인간 이어령의 내밀한 모습이 시, 수필, 편지체 등 다양한 형식의 글로 나타납니다. 또한, 저자가 직접 그린 삽화도 함께 들어 있습니다.

〈눈물 한 방울〉은 이어령이 우리 사회에 전하는 마지막 메시지입니다. "스스로 생각해 온 88년, 병상에 누워 내게 마지막에 남은 것은 무엇일까 한참 생각했다. '디지로그' '생명자본'에 이은 그것은 '눈물 한 방울'이었다. 눈물만이 우리가 인간이라는 것을 증명해 준다."

이것은 서거하기 한 달 전인 2022년 1월에 저자가 쓴 책의 '서문'에 나오는 내용입니다. 여기에서 '디지로그'란 가상세계와 실세계의 결합, 정보통신과 인간관계의 만남, 이성과 감성의 결합, 차가운 기술과 정의 결합을 의미합니다. 이어령은 2006년 펴낸 저서 〈디지로그〉에서 디지털과 아날로그를 융합한 '디지로그'(Digilog)를 21세기 강국을 향한 지름길로 제시했지요.

'생명 자본'은 이어령이 2013년에 펴낸 〈생명이 자본이다〉에서 산업화와 민주화의 다음 키워드로 제시한 메시지입니다. 즉, 산업자본주의와 금융자본주의의 병폐와 한계를 지적하며, 앞으로의 경제 이념은 돈을 위한 자본주의에서 벗어나 상생을 위한 생명의 자본주의로 거듭나야 한다고 주장한 바 있습니다.

'눈물 한 방울'의 의미는 책의 '서문'에 이렇게 나와 있습니다.

우리는 피 흘린 혁명도 경험해 봤고, 땀 흘려 경제도 부흥해 봤다. 딱 하나, 아직 경험해 보지 못한 것이 바로 눈물, 즉 박애다. 나를 위해서가 아니라 모르는 타인을 위해서 흘리는 눈물, 인간의 따스한 체온이 담긴 눈물. 인류는 이미 피의 논리, 땀의 논리를 가지고는 생존해 갈 수 없는 시대를 맞이했다. …

사랑의 눈물 한 방울이 마법에 걸린 왕자를 주술에서 풀려나게 한다는 서양 동화를 기억하는가? 눈물 없는 자유와 평등은 문명을 초토화시켰다. 인간이 한낱 짐승에 불과하다는 것을 보여준 코로나 주술을 이길 유일한 길은 타인을 위해 흘리는 눈물뿐이다.

자신을 위한 눈물은 무력하고 부끄러운 것이지만 나와 남을 위해 흘리는 눈물은 지상에서 가장 아름답고 힘 있는 것이라는 사실을 우리는 모두 알고 있다.

다음은 1960년대의 또다른 베스트셀러 저자 김형석을 살펴봅니다.

② 철학교수 김형석

김형석은 고교생부터 노장년층에 이르기까지 폭넓은 독자층을 지닌 수필가로 알려져 있습니다. 이것은 그의 수필집이 속속 베스트셀러가 되었기 때문인데, 그는 원래 철학을 전공하고 1954년부터 대학에서 30년 동안 학생들을 가르쳤던 교수였지요.

김형석은 교수로서 수필 외에 다수의 철학 서적을 집필한 학자입니다. 그가 활동을 시작한 1950년대는 전쟁 직후여서 사회적 불안과 정신적 후유증이 심하던 시기입니다. 출판 양상도 해방 직후 범람하던 마르크스 관련 서적은 사라지고 그 대신 실존주의 서적들이 그 자리를 차지합니다. 구체적으로 니체, 사르트르, 키에르케고르, 하이데거 등의 저작물들이 번역 출판됩니다. 이러한 실존철학에 관련된 다양한 서적들이 나오면서 철학의 대중화가 이루어지기 시작하는데, 그 흐름은 크게 첫째, 번역서의 출간, 둘째, 교양서적의 출간으로 나눌 수 있습니다(주상희, 1992).

첫째, 번역서의 출간으로는 톨스토이의 『인생의 행복』, 구라타 햐쿠조의 『사랑과 인식의 출발』, 러셀의 『행복의 철학』, 임어당의 『생활의 발견』 등이 있습니다.

둘째, 교양서적의 출간을 통하여 출판의 대중화를 이끈 것인데, 그 주도적인 인물이 바로 김형석입니다. 김형석은 1959년부터 1960년까지 『현대사상강좌』시리즈(전 10권, 동양출판사)를 통해서 청년 대중과 철학과의 거리를 좁혀 줍니다. 이 시리즈에 있는 『현대인의 세계관』, 『회의와 종교』가 김형석의 저술입니다. 또한, 당시 김형석과 함께 안병욱, 김태길이 교양서적의 저술에 합세하는데, 이들이 쓴 교양용 에세이가 한국 에세이 서적출판의 시초가 되기도 합니다. 1960~1961년 동양출판사에서 낸 『수상선집』에는 3인의 저술이 들어 있습니다. 김형석의 『고독이라는 병』, 안병욱의 『사색 노우트』, 김태길의 『웃는 갈대』가 그것입니다.

김형석, 안병욱, 김태길 3인은 1950년대부터 1980년대까지 각각 33종, 36종, 16종의 저서를 내며 왕성한 집필의욕을 보여주었는데, 이들에 대한 평가는 다음 두 가지로 갈립니다(이한우, 1995).

> 이들의 책은 주로 청소년들을 향한 교훈과 계몽을 담은 것들인데, 학계의 평가는 대부분 비판적이다. 즉, 학문으로서의 철학을 저속화시켰고, 내용도 철학적 사고를 함양하기보다는 인생론, 처세술 수준의 권고에 머문 것이 대다수라는 것이다. 반면에 일부 긍정적인 평가도 있다. 이들의 계몽적 역할을 평가하면서 전후 황폐화된 국민들의 마음을 쓰다듬고 새로운 출발을 위한 초석을 놓는 데 크게 기여했다고 보는 것이다.

이런 분위기에서 나온 김형석의 『영원과 사랑의 대화』(삼중당, 1961)는 유례가 없는 성공을 거두게 됩니다. 저자 자신이 책의 서문을 출판사에 넘기고 잠시 외국에 다녀왔더니, 유명해져 있었다고 술회합니다. 그가 바로 전년도에 펴낸 『고독이라는 병』도 독자들의 반응이 좋았지만, 이 책의 반응은 상상을 뛰어넘는 것이었습니다. 가난한 교수였던 김형석은 책의 인세로 집도 장만하고 6남매도 잘 키웠다고 할 정도입니다. 판매 부수는 2015년에 벌써 100만 부를 넘었다고 합니다. 김형석은 이 책을 내게 된 계기를 한 교육 전문 잡지와의 인터뷰에서 이렇게 회고한 바 있습니다.

그 무렵 중앙고 교사로 있다 연세대로 가게 돼 고민을 많이 했어요. 내 꿈이 사립학교에서 아이들을 가르치는 거였어요. 중·고등학교 교육이 정말 교육이고 대학은 학문의 전당이나 지식창조입니다. 학생들을 정말 사랑했기 때문에 꼭 우리 아이들을 내버려두고 다른 데 가는 죄책감 같은 게 들었어요. 그래서 그 아이들과 대학교 1학년을 위해 해주고 싶은 말을 쓴 겁니다. (교육타임스 편집부, 2015)

이러한 절실한 마음이 글로 나타나서 많은 독자들에게 깊은 울림을 주었던 것이 아닌가 생각됩니다.

이 책의 제목에 대하여 저자는 서문에서 이렇게 말합니다. "『영원과 사랑의 대화』라는 제목을 택한 것은 이 책의 전체적인 주제가 인생이라는 강(江)의 저편인 영원과, 이편의 끝없는 애모심과의 대화에서 이루어지고 있는 때문입니다." 또한, 서문에서 책의 내용을 이렇게 소개합니다.

세상에 가장 어려운 것은 인생을 말하는 것입니다. 그러므로 누구도 좀체로 인생을 논하려고는 하지 않습니다. 그러나 침묵을 지켜서도 안 되는 것이 인생입니다. 누구나 완전한 자신은 없으면서도 가장 사랑하는 사람에게는 인생을 말하게 되는 이유가 여기에 있는가 생각합니다.

어머니가 자식에게, 형이 동생에게 하고 싶은 인생의 이야기를 숨김없이 말해주는 사람이 우리 사회에도 많아져야 하리라고 믿습니다.

여기에 수록된 몇 편의 글들이 바로 그런 것들입니다. 청년들, 학생들, 친구들이 가지고 있는 여러 가지 문제들에 접하게 되면서 한 가지, 한 가지 생각나는 대로 적어나간 내용들입니다.

이 책은 인생 이야기와 함께 민족의 과제, 새로운 윤리의 추구 등 다양한 내용을 담고 있습니다. 참고로, 6장으로 구성된 책에 실린 세부 목차들을 살펴봅니다. '제1장 생활의 좌표'에는 '다시 시작하는 인생', '고독의 피안(彼岸)', '지성인의 사회참여-인재가 없어서' 등 7편, '제2장 행복에의 조건'에는 '친구와 결혼의 조건', '현대인의 직업관', '성공의 비결', '봉사의 공식' 등 7편, '제3장 어떤 우인(愚人)의 이야기들'에는 '칸트와 신문배달', '아버지라는 직업' 등 7편, '제4장 새 시대와 새 모랄'에는 '전통과 창조', '정의와 사랑', '역사의 교훈 앞에서', '모랄과 영원의 문제' 등 15편, '제5장 영원과 사랑의 대화'에는 '철학적인 생일', '자살에 이르는 병', '양심보다 귀한 것' 등 7편, '제6장 고독과 사랑의 장'에는 '어느 구도자의 일기문에서' 1편이 실려 있습니다. 여기에 실린 에세이들은 전쟁 후에 방황하는 젊은이들에게 삶의 소중함을 일깨워주었습니다. 또한, 영원한 민족 도의의 건설을 위하여 정의뿐만 아니라 협조·봉사·사랑의 질서가 있어야 한다고 주장합니다.

한편, 이러한 김형석의 에세이에 대하여 안수민(2015)은 이렇게 비판합니다. "김형석의 에세이에서는 서구적 근대가 겪고 있는 경제적 정치적 단계를 보편적인 것으로 상정하고, 그것과 전후 한국의 간극을 윤리와 모럴의 과제로만 봉합한 채, 서구 보편의 '새 모랄'을 추구하는 데에 집중한다. 간극은 세계체제의 '모순'으로 인지되는 것이 아니라, 후진국인 한국의 '결핍', '결여'로만 인식된다."

김형석 에세이에 대하여 사회과학적 인식의 부족을 지적한 이러한 비판은 물론 일리가 있는 주장이지만, 아직 사회과학적 인식이 본격적으로 형성되지 않았던 1960년대 초반의 한국과 그 지식인들에게는 어울리지 않는 지적일지 모릅니다. 전쟁의 후유증을 극복하지 못했던 당시는 사회경제적으로 궁핍했을 뿐만 아니라 정신적으로도 황폐함을 면치 못하던 때였지요. 그때 앞장서서 국민들을 위로하면서 새로운 시대의 비전을 사회과학적 현실 속에서가 아니라 영원과의 연결 속에서 종교적으로 제시하려 한 것은 의미있는 일이었다고 생각합니다.

김형석은 『영원과 사랑의 대화』 이후에도 『오늘을 사는 지혜』, 『운명도 허무도 아니라는 이야기』, 『조국에의 향수 속에서』 등 많은 저서를 펴내며 젊은이들에게 큰 영향을 끼쳤지요. 시대의 변화 속에서 그의 저술의 영향력을 좀 더 생각해 봅니다.

1960, 1970년대 그가 펴낸 에세이집은 방황하던 젊은이들에게 '삶의 등대' 같은 역할을 했다. 그의 수필집 가운데 『영원과 사랑의 대화』는 그 당시 책 깨나 읽은 젊은이들은 거의 탐독했을 만큼 널리 알려진 불멸의 에세이였다. 1980년대 후반 우리 사회가 민주화와 더불어 읽을거

리가 많아지면서 그의 글이 갖던 절대적인 영향력은 차츰 약화되었고 그 또한 대학 강단에서 정년퇴임하며 세인의 시야에서 사라졌지만, 그는 여전히 원로 역할을 하고 있다. (교육타임스 편집부, 2015)

제가 김형석을 처음 만나본 것은 고교 시절 그의 강연을 들은 때라고 기억됩니다. 강연 내용은 『영원과 사랑의 대화』와 비슷했던 것 같은데, 베스트셀러 작가의 육성을 직접 들은 것은 학생들에게 좋은 체험이었지요. 그리고, 1990년대 중반 잡지 기획자로 있을 때, 그에게 원고 청탁을 하고 커피숍에서 이런 저런 좋은 말씀을 많이 들었습니다. 당시 그는 70대 중반으로, 대학교수로 정년한 지 10년이 지난 때였는데도 강연 요청과 원고 청탁을 소화하느라 바쁘게 지내고 있다는 이야기를 들려주었습니다. "교수로서 정년하고 나처럼 바쁘게 사는 사람은 100명 중에 한 사람 정도예요."

1960년대에 형성된 베스트셀러 저자로서의 이미지와 자기 관리, 그리고 공부를 지금도 철저히 하고 있다는 느낌을 받았습니다.

그리고 몇 년 전 신문에 실린 그의 글, 슈바이처의 『나의 생애와 사상』에 대한 서평 '내 나이 아흔여섯… 슈바이처를 다시 읽는다'를 보고 새삼 놀랐습니다《중앙일보》 2016. 1. 2). 그는 슈바이처의 책을 젊어서 읽었고 70대에도 읽었는데, 96세인 2016년 새해 벽두에 슈바이처의 자서전에서 받은 감동을 우리들에게 다시 전해 주었던 것입니다. 평생 교육, 평생 공부, 아니 평생 감수성의 발달이라 해야 어울릴 것 같습니다.

2016년에 그의 책은 다시 종교 부문 베스트셀러에 올랐습니다. 책 제목은 『예수-성경 행간에 숨어 있던 그를 만나다』입니다. 책의 후기에는 왜 이 책을 썼는지 밝혀놓았습니다. "나 같은 사람이 예수에 관하여 집필하게 된 것은, 만일 내가 고등학교 상급반이나 대학 초급학년에 있다면 기독교 경전을 가장 정확하게, 어렵지 않게 읽을 수 있는 책으로 어떤 책이 있을까 자문해 보았기 때문이다."

이 글을 접하니 고교 시절 들었던, 나지막하지만 울림이 있었던 그의 목소리가 들리는 듯했습니다. 그의 목소리는 이어집니다. "네 복음서를 다 읽는 것도 부담되거니와, 네 복음서 안에는 상치되는 부분도 적지 않다. 또 경전으로서는 상징적 의미가 있으나 고전 및 역사적으로는 어떻게 해석하는 것이 옳은가 하는 문제도 없지 않다. 성서학자들 스스로가 인정하고 있는 사실이다. 그래서 예수는 어떤 사람이며 왜 예수에게는 그의 인간다움을 넘어 종교와 신앙적 질의에 해답을 주는 뜻이 잠재해 있는가를 찾아보고 싶었다. 예수에게서 그가 우리에게 그리스도, 즉 신앙적 구원과 관련되는 가능성이 있는가를 물어보고 싶었다. 네 복음서에 나타난 예수를 기록된 내용대로 살펴본 것이다."(김형석, 2015)

『예수-성경 행간에 숨어 있던 그를 만나다』는 후기에서 밝히듯이 이전에 낸 책의 세 번째 교정판입니다. 그러니까 자신의 글을 계속 다듬고 수정하는 작업을 하고 있다는 의미가 됩니다. 이러니 많은 사람들이 그의 활동 가능한 나이에 대하여 호기심이 생길 수밖에 없겠지요. 어느 대담에서 "몇 살까지 살고 싶은가?"라는 질문에 그는 이렇게 대답합니다. "정신적으로 성장할 수 있고, 다른 사람에게 도움을 줄 수 있을 때까지 사는 것이 가장 좋다."

정신의 성장, 남을 돕는 일의 메시지를 들으니, 부강한 나라보다 '아름다운 나라'를 소망했던 김구의 '나의 소원' 구절이 겹쳐집니다.

오직 한없이 가지고 싶은 것은 문화의 힘이다. 문화의 힘은 우리 자신을 행복하게 하고, 나아가서 남에게 행복을 주겠기 때문이다.

정신의 성장은 문화의 힘을 키우는 것이고 그래서 문화의 힘을 키워 주는 책의 필요성을 새삼 깨닫게 됩니다. 결국, 김형석의 『예수-성경 행간에 숨어 있던 그를 만나다』도 저자가 후기에서 밝힌 대로, 성경책을 젊은이들에게 읽히기 위한 책인 셈입니다. 그의 책 사랑은 80여 년을 책과 더불어 살게 했고, 독서운동에 앞장서게 했으며, 저술 작업을 이끌어 왔습니다. 100세가 넘은 오늘까지도.

그는 강원도 양구군에 있는 '김형석·안병욱의 철학의 집'에 저서와 원고 등 1,000여 점의 자료와 평생 모은 도자기를 기증했습니다. 그 '철학의 집'에 있는 도자기에 그의 마음을 담은 글귀가 새겨져 있습니다.

나에게는 두 별이 있었다. 진리를 향한 그리움과 겨레를 위한 마음이 었다. 그 짐은 무거웠으나 사랑이 있었기에 행복했다.

제4장 1970년대 출판

Q 1970년대의 시대 상황은 어떠했나요?

1970년대는 정치적으로는 권위주의 독재체제가 심화되어갔고 이에 대한 저항도 거셌던 시기입니다.

1969년 정부는 박정희 대통령의 세 번째 연임을 가능하게 하는 헌법 개정(3선 개헌)을 국회에서 변칙으로 통과시키고 국민투표를 거쳐 확정했습니다. 이에 따라 1970년부터 대통령 선거 분위기에 휩싸였는데, 1971년 4월 실시된 대통령 선거에서 박정희 후보는 김대중 후보를 95만 표 차이로 누르고 당선되었지요. 야당은 대통령 선거를 부정 불법 선거로 규정했고, 서울대학교 학생들은 부정선거 규탄 데모를 벌였습니다. 이러한 상황에서 같은 해 7월, 박정희는 대한민국 제7대 대통령에 취임했습니다. 이제 박정희정권은 삼선 개헌을 통해서 장기 집권의 발판을 마련했고, 다음해인 1972년 '10월유신'을 통하여 직접선거 없는 장기 독재체제를 구축하게 되었지요.

10월유신

좀 더 설명하면, 박정희정권은 10월 17일 전국에 비상계엄을 선포하여 국회를 해산하고, 모든 정당 활동을 금지시키고, 대학에 휴교령을 내리고, 신문·통신에 대한 사전검열제를 실시했습니다. 이것이 바로 '10월유신'인데, 기존의 헌법질서를 무너뜨린 정변입니다. 이후 대통령 간접선거를 골자로 하는 유신헌법이 국민투표를 통해 확정됨으로써 박정희정권은 종신 집권의 길을 연 것입니다.

장준하

그러나, 장준하 등을 중심으로 유신헌법 개정 백만인 서명운동이 거세게 일어났지요. 이에 박정희정권은 긴급조치를 발동하여 유신헌법에 대한 부정·반대·비방 행위와 개정·폐지의 주장 및 청원 행위를 일체 금지하는 긴급조치를 선포합니다. 그러나 긴급조치의 발동에도 불구하고 유신헌법과 박정희정권에 반대하는 운동은 끊이질 않았지요. 대학에서는 시위가 계속 일어났고 야당 정치인과 지식인의 민주화운동은 계속되었습니다. 이때마다 박정희정권은 긴급조치를 계속 발동하여 억눌렀지요. 그러나 노동계가 투쟁에 나섰고, 1979년 10월 부산, 마산에서 민중항거가 일어났습니다. 같은 해 10월 26일 당시 중앙정보부장이었던 김재규가 대통령 박정희를 살해합니다. 이른바 '10·26 사건'인데, 이로써 박정희정권은 무너집니다.

1970년대 정치 상황과 관련하여 남북관계를 언급할 필요가 있습니다. 당시의 남북관계는 국제정세의 변화 속에서 일시적이나마 달라졌습니다. 1969년 미국 대통령 닉슨은 '닉슨 독트린'을 발표하고, 1971년 중국과 '핑퐁 외교'를 시작하면서 공산권과 화해를 모색했습니다. 닉슨 독트린에 나타난 한반도 정책은 주한미군 철수와 군사 원조를 앞세운 남북 대화 종용, 그리고 두 개의 한국 정책이었습니다 (강만길, 2006). 이 같은 정세 변화에 맞추어 1971년 8월 북한의 김일성은 남한의 집권당인 공화당을 비롯한 정당 및 대중단체 인사들과 접촉할 용의가 있음을 표명했습니다. 같은 달 대한적십자사에서는 남북이산가족찾기회담을 북한적십자사에 제의하여 남북적십자 대표 간의 만남이 분단 26년 만에 이루어지고 다음 달인 9월 남북가족찾기 예비회담이 열립니다. 그리고 남북 최초의 직통전화까지

개설됩니다. 다음 해인 1972년 7월 4일 7·4남북공동성명이 발표됩니다. 이 선언에서 남북조절위원회가 구성되고 남북은 자주 평화통일 원칙에 합의합니다. 국민들은 통일의 기대에 부풀게 됩니다.

그러나 첫 번째 남북회담이 1972년 8월에 열린 후 '10월유신'이 일어나면서, 남북 관계는 다시 단절되고 한동안 냉전 상황을 벗어나지 못합니다. 12년 후인 1984년 남한에 큰 홍수 피해가 났을 때 북한에서 구호물자를 제공하겠다는 제의가 있고 이를 남한에서 받아들입니다. 그리고 다음 해인 1985년 서울과 평양 간에 '고향방문단'과 예술공연 행사가 이루어졌지요. 하여튼, 7·4남북공동성명은 역사적으로 획기적인 사건이었지만, 1970년대 내내 남북 교류로 이어지지 못했습니다.

한편, 경제적으로는 정부 주도로 경제개발계획이 추진되는데, 방직, 신발 등 경공업 위주의 성장에 집중되었던 1960년대에 이어서 1970년대에는 철강, 자동차, 선박 등을 만들어 수출하는 중화학공업화정책을 단행합니다. 그 결과로 경제성장 수치는 세계 최고를 기록하게 됩니다. 그러나, 이러한 성장은 전적으로 외자 도입을 통해 이루어진 것이었습니다. 이때 형성된 우리 경제의 해외 의존도는 현재까지도 이어지고 있는 현상입니다.

이러한 외자도입정책은 일부 기업들의 과도한 외자 도입으로 과잉시설투자를 함으로써 1970년대에 들어와서 부실기업들이 늘어났고, 1973년에는 국제 석유파동으로 경기는 하강국면에 들어섰습니다. 그러나 1976년 국제 석유파동의 충격에서 벗어나며 경제는 활기를 띠기 시작했고 중동 건설 수출 붐에 힘입어 1978년까지 경기는 상승국면을 지속하였습니다. 그러나, 1979년 4월 율산그룹이 도산하고, 국내 경기가 하강국면으로 접어들더니 같은 해 10월 대통령 살해사건이 터진 데 이어, 제2차 국제석유파동으로 전세계적 불황이 겹치면서 경기는 더욱 악화되었습니다. 그런데, 이런 경기의 상승, 하강이 반복되면서도 경제는 전반적으로 크게 성장하였습니다. 1인당 국민소득이 1970년 243달러에서 1979년 1,546달러로 6배 이상 뛰어오른 것입니다.

그러나, 경제성장의 그늘은 짙었고 사회경제적 모순은 크게 터져 나오기 시작했습니다. 대표적인 것으로 1970년 11월 평화시장 재단사 전태일의 분신자살 사건을 들 수 있습니다. 전태일은 열악한 봉제공장에서 일하며 노동운동을 조직하고 근로기준법의 준수를 노동청에 요구하고 대통령에게 탄원서를 보냈으나 허사였습니다. 그래서 허울뿐인 근로기준법 책자를 불태우는 화형식을 시도하였으나 이마저 저지당했고, 결국 "근로기준법을 준수하라"라고 외치며 자신의 몸을 불사르고 희생한 것입니다.

분신사건 이후 전태일의 일기가 국내 잡지에 게재되면서, 어린 미싱사들을 도와주던 그의 아름다운 마음씨와 순수한 동기가 극도의 비인간적인 노동환경과 함께 알려졌고, 그 사회적 파장은 더욱 커졌습니다. 전태일 분신사건은 노동계를 넘어 당시 반체제운동과 학생운동에 커다란 영향을 끼치게 됩니다. 또한, 전태일 사건을 계기로 하여 종교계와 사회단체들은 노동운동에 깊은 관심을 갖게 됩니다.

노동자들과의 연계와 지원도 본격적으로 이루어지기 시작합니다.

이와 같은 운동들이 학생, 종교계, 사회단체 등 각계각층에서 전개되면서 분단시대의 모순을 극복해야 한다는 자각이 싹트기 시작했습니다. 이러한 자각은 문학 분야에서 민족문학론을 대두시키는 계기를 만들어줍니다. 강만길(2006)은 이렇게 말합니다.

> 4·19 후의 민주주의적 통일운동적 경험을 배경으로 한 민족의식의 성장과 7·4남북공동성명 등에 자극됨으로써 1970년대에 들어와서는 민족문학론이 다시 대두되었다. 즉 박정희정권이 그 정통성을 강조하는 방법의 하나로 민족주체성을 내세우면서 전통문화의 복구 보전에 치중하는 복고주의적 문화정책을 펴나간 데 반해, 1970년대의 민족문학론은 정치·경제·사회적 현실문제에 대한 비판과 민주화운동의 실천, 그리고 민족통일 문제 및 제3세계론에 대한 이해와 연결되면서 전개되어갔다.

이렇게 볼 때, 1970년대에는 권위주의적 독재체제 속에서, 외자도입정책을 통하여 고도의 경제성장을 이룩하였으나 그 그늘도 깊었고 사회경제적 모순도 첨예하게 터져나왔던 시기입니다. 아울러, 독재체제에 대한 저항과 함께, 생존권 투쟁으로서 노동운동이 시작되었고 학생운동, 종교운동, 사회운동, 노동운동이 서로 연계되면서 분단시대를 극복해야 한다는 자각도 생겨났습니다. 이러한 자각은 문학분야에서는 민족문학론을 대두시켰고, 학계에서는 모순된 사회에 대한 사회과학적 분석을 중시하게 만들었으며, 바로 뒤에서 살펴볼

출판문화의 변화를 추동하게 됩니다.

Q 1970년대 시대 상황은 출판에 어떤 영향을 주었나요?

정치적으로 독재체제가 강화되어 갔던 1970년대 정부 출판정책의 중심은 규제였습니다. 정부는 부실 출판사의 정비라는 명분으로 계속해서 많은 출판사들을 등록 취소시킵니다. 특히 1972년 10월유신의 선포와 함께 전국 출판사 실태 조사를 벌여 무실적 또는 소재 불명 등의 이유로 당시 전체 출판사의 절반에 해당하는 1,064개의 출판사가 등록 취소를 당합니다. 1973년에도 같은 이유로 88개 출판사를 등록 취소로 없애버립니다.

이런 조치는 당시 표현과 언론의 자유가 제한되었고, 심지어 출판의 경우에는 영업행위의 자유까지 정부의 자의적인 판단에 따라 침해받고 있었다는 사실을 증명합니다. 그러나, 이러한 정부 정책에도 불구하고 출판사 수는 오히려 계속해서 늘어나 1977년 1,631개사, 1978년 1,920개사가 되었습니다. 이렇게 늘어난 데에는 독재체제에 저항하던 지식인들을 끊임없이 탄압했던 것과도 연관이 있습니다. 그 탄압의 양상을 보면, 시위에 앞장섰던 학생과 지식인들을 감옥에 보냈을 뿐만 아니라, 독재체제에 대한 비판을 멈추지 않았던 교수나 언론인들을 그들의 일터에서 쫓아냈습니다. 직장에서 밀려난 해직 교수와 해직 언론인들이 점차 출판계로 몰려들면서 출판계에 새로운 세력으로 등장하게 되었지요. 반면에 오래된 출판사들은 이른 바 '검인정 교과서 사건' 등을 겪은 후 그 활동이 두드러지게 약화되었습니다(백운관·부길만, 1992).

이강수(1984)는 1970년대에 등장한 신진출판사들과 이전의 출판사들을 미카엘 랜(M. Lane)의 이론에 따라 전통적 모델과 현대적 모델로 분류하여 1970년대의 출판사 그룹을 다음과 같이 분석합니다.

(미카엘 랜의 분류를) 우리나라에 적용할 경우, 1970년대 이전의 전통적 성격의 출판사와 1970년대 이후의 현대적 출판사로 분류할 수 있을 것이다. 1970년대 이전의 전통적 성격의 대표적 출판사는 을유문화사, 일조각, 정음사, 탐구당, 신구문화사, 법문사 등이 그 대표적 예라 할 수 있는데, 이에 비하여 70년대 이후 대체로 출판 경험이 별로 없는 새로운 세대와 종래의 전통적인 모델에 속하는 출판사에서 출판 경험을 쌓은 출판 편집인들이 보다 참신한 출판 아이디어를 창출하여 시대적 상황과 관련된 도서를 많이 출판한 그룹을 현대적 성격의 출판사라고 부를 수 있을 것이다. 전예원, 문학과지성사, 홍성사, 한길사, 열화당, 평민사, 민음사, 범우사 등이 그 대표적인 예이며, 또한 이들 그룹의 출판사보다 이념적인 도서를 주로 출판하고 있는 출판사 그룹으로는 청사, 기린원, 풀빛, 백산서당, 돌베개, 형성사, 일월서각 등이 포함될 수 있을 것이다. 70년대에 출발한 상기 출판사들은 외면적으로 볼 때 경제 지향성보다는 시대성과 문화 지향성을 앞세우고 있는 것처럼 보인다.

이러한 현대적 출판사들이 대거 등장하는 데는 해직 기자들의 참여가 컸다고 생각합니다. 당시 비판적 자세를 유지했던 많은 언론인들이 쫓겨나는 실정이었기 때문에 언론은 본연의 비판 기능을 할 수 없게 되었습니다. 이런 상황에서 해직 기자들은 출판을 통하여 언론의 기능을 살려내고자 했지요. 조상호(1997)는 이러한 해직 기자들의 출판계 참여 의미를 다음 세 가지 수준에서 찾고 있습니다.

첫째, 그들이 출판에 대해 가졌던 관념은 한국 언론의 오랜 전통이었던 '정론지 지향성'의 연장이었다. 그들은 출판을 불합리한 현실에 대한 비판적 의식을 대중들에게 전파하는 하나의 계몽적 행위로 인식하게 만들었다.

둘째, 해직 기자들의 출판계 참여는 출판 활동이 더 능동적이고 적극적인 산업으로 발전할 수 있게 해준 계기였다. 그들은 시장성 있는 저자나 저서를 외부에서 찾기보다는 자신들 스스로가 출판의 구체적인 내용을 기획했다.

셋째, 한국사회에서 나름대로의 정로(正路)·언로(言路)를 제공해 왔던 해직 기자들의 출판계 참여는 출판의 언론적 기능을 강화하는 효과를 낳았다. 그것은 정치와 사회에 대한 일체의 비판적 공론이 기존의 제도화된 매체들을 통해서는 전파될 수 없는 상황의 산물이었다. 권위주의 정권의 언론통제로 인해 진실에 목말라 있던 대중들에게 새로운 출판인들이 펴내는 책들은 언론의 대체 기능을 가졌다.

해직 기자 출신들이 경영했던 대표적인 출판사는 다음과 같습니다. 전예원, 문학과지성사, 한길사, 두레, 청람문화사, 과학과인간사, 정우사, 백제출판사 등입니다. 이 출판사들이 출간한 책들은 창립 초기에는 자본 축적을 위한 문예물도 있었으나, 대부분이 현대 사회의 구조와 모순에 대한 비판적 시각의 사회과학 서적들로 알려져 있습니다. 이러한 책들을 통하여 대학생들뿐만 아니라 일반 독자들까지도 민주주의와 사회적 정의에 대한 열망을 체계적으로 의식화할 수 있게 되었다고 합니다. 출판을 통한 뉴저널리즘은 특정한 사실의 객관적 보도에 치중하는 전통적 저널리즘과는 달리, 사회적 현상을 구조적으로 분석하고 비판적으로 조망하게 하였다는 점에서 언론적 기능으로서의 출판 활동에 의미를 부여할 수 있습니다(조상호, 1997).

한편, 1970년대에는 경제성장이 큰 폭으로 이루어짐에 따라 사회 전반의 시장 규모가 커졌고 출판 발행량도 크게 증가했습니다. 대한출판문화협회에서 펴낸 《한국출판연감》에 의하면, 연간 도서발행종수가 1970년 2,591종이었지만 1979년 1만 7,151종으로 6.6배로 늘어났고, 도서발행부수는 1970년 484만 부에서 1979년 6,006만 부로 무려 12.4배로 늘어났습니다. 가히 출판량의 급속한 팽창이라 하겠는데, 이것은 1980년대에 도서 발행량으로 세계 10대 출판대국에 진입하는 출발이라 하겠습니다.

1970년대에 일어난 학생운동, 사회운동, 노동운동은 지식인 사회에 큰 영향을 끼치면서 분단시대의 모순을 극복해야 한다는 자각을 갖게 했습니다. 특히 1972년 10월유신 이후 민주주의의 실현은 민족주의와 함께 가야 하며, 이것이 바로 분단 극복의 길이라는 생각을 하게 되었지요. 당연히 이에 관한 서적 출판이 이루어집니다. 즉 역사학계에서는 『분단시대의 역사인식』(강만길, 창비, 1978), 경제학계에서는 『민족경제론』(박현채, 한길사, 1978), 문학계에서는 제3세계의 문학에 대한 책이 나오게 됩니다(김진균 외, 1985). 그 외에도 분단사회에 대한 정교한 분석을 시도하는 다양한 사회과학 서적들이 70년대에 대거 등장합니다. 이러한 변화에 대하여 김진균은 토론에서 이렇게 주장합니다.

1970년대 이후 학원의 민주화, 사회의 민주화를 지향하며 반독재·민주화운동을 펼쳤던 학생운동 출신의 사람들이 체제가 아무리 탄압을 하더라도 수적으로 확산되어간 것은 누구도 부정할 수 없는 사실입니다. 바로 이들이 일정한 세력으로 형성되면서, 즉 '고통의 공동체'로 형성되면서 기존 한국의 지식사회와 지식산업은 질적으로 변화했다고 봅니다. 즉 기존의 외국 학문만을 선호하던 보수적인 지식사회도 비로소 우리의 문제를 우리의 시각으로 보려는 노력을 하게 되고, 지식산업 특히 출판계를 보면 눈에 띄게 많은 변화를 가져왔다고 생각합니다(김진균 외, 1985).

Q 한글세대 등장으로 출판문화는 어떻게 달라졌나요?

대중문화를 선도한 잡지 출판은 1960년대에 이미 활성화되었지만, 서적 출판은 1970년대에 와서야 한글세대의 등장과 함께 발전하기 시작했습니다. 한글세대는 해방 이후에 성장한 세대로서 가정에서나 학교에서나 한국어를 사용하고 한글로 교육받기 시작한 세대를 말합니다. 또한, 1970년대는 경제성장과 함께 농업사회에서 산업사회로 진입하고 도시 인구가 늘어나면서 교육인구도 크게 늘어났습니다. 초·중·고등학교 등 각급 학교의 진학률이 급성장하고, 산업공단 인구의 증가와 도시화로 인하여 문화에 대한 자극도 커졌는데, 이것은 새로운 독서층 형성에 중요한 요인이 되었습니다(대한출판문화협회, 1987).

이때부터 집이나 사무실로 찾아온 외판업자로부터 전집을 사는 것이 아니라 서점에 직접 가서 낱권 책을 고르는 독자들이 늘어났고 서점 수도 증가합니다. 이들이 고르고 읽는 책도 바로 한글세대의 작품들이었지요. 독자뿐만 아니라 저자도 한글세대가 차지하게 됩니다. 기존의 난삽한 한문 투나 일본어 번역 투의 문장과는 다른 새 맛이 나는 한글세대의 문장은 독자층을 일시에 확대시켰습니다(이경훈, 1988). 1970년대 후반에는 철학이나 사회과학 분야의 서적들까지도 대부분 한글로만 조판을 하고 체제도 세로쓰기에서 가로쓰기로 바뀝니다. 또한, 한글세대의 등장으로 인하여 일어판 번역 베스트셀러가 당시의 출판시장에서 사라지게 됩니다. 이중한은 이러한 한글세대의 등장은 완전히 자생적이라고 보면서 그 이유를 역사적 과정과 사회적 여건으로 나누어 설명합니다. 그 역사적 과정은 이렇습니다(《출판문화》, 1979년 11월).

책의 문화는 전통적으로 이어져 나가야 하는 것인데 우리의 경우는 단절되었다. 그 근본 원인은 문자에 있다. 즉 할아버지의 책은 한자이고 아버지의 책은 일어이므로 해방 이후 태어난 한글세대는 그 책들을 읽을 수가 없다. 다시 말해서 전통의식의 매체로서 장서문화가 없는 것이며, 따라서 책의 문화가 없다고 볼 수 있다.

한글이 창제된 것이 조선시대 전기인 1443년인데, 1970년대에 와서야 한글세대가 등장했다니, 우리 역사의 비극입니다. 최고 권력자인 국왕이 하층 민중까지도 사용할 수 있는 문자를 만들었지만, 수백 년 동안 한글은 공용어가 될 수 없었습니다. 그 과정을 간략히 살펴봅니다(부길만, 2013a).

세종의 한글 창제는 획기적인 사건이었지만, 한자와 중화사상에 물든 거의 모든 신하들은 반대 상소를 올리며 극력 반대했다. 그 이후에도 사대부와 선비들은 한글 사용에 대해서 부정적이었고 특히, 연산군 시절에 정부를 비판하는 한글 투서가 들어가자 연산군은 한글 사용 자체를 탄압했다. 결국 한글은 부녀자와 평민의 글자로 쓰여질 수밖에 없었다. 이 과정에서 한글은 평민문학과 독서문화의 발전에 크게 기여했지만, 한자에 밀려 공용어의 역할을 하지 못했다. 갑오개혁 이후인 1895년부터 관보에 국한문을 쓰기 시작했으나 한자에만 익숙한 관리들은 제대로 한글을 사용할 수 없었다. 한글 사용이 익숙해질 무렵은 이미 일본 세력이 영향력을 확보한 후였다. 결국 한글은 조선시대 내내 정부 및 관료 지식엘리트층 내에서 인정받지 못한 글자가 되고 만 것이다.

그리고, 이중한은 한글세대의 자생적 성격에 대한 원인으로서 사회적 여건을 이렇게 말합니다(《출판문화》, 1979년 11월).

도서관이 책을 읽는 장소가 아니라 수험 공부하는 공부방이 되어 버렸기 때문에 책에 근접할 사회적 여건이 없었다. 교육과정도 독서력을 키워 주는 과정이 아니었다. 이러한 요건으로 볼 때 한글세대 독자의 증가는 자발적인 자생적 독자라고 할 수 있다.

현재는 도서관이 책을 읽는 공간으로 많이 달라졌고, 각 마을마다 크고 작은 공공도서관들이 세워져 70년대보다 독서환경이 개선된 면이 있지만, 교육과정은 반세기가 지난 현재까지도 독서력 증진과는 담을 쌓은 것처럼 별개로 진행되고 있습니다. 더욱이 1970년대 한글세대의 등장은 윗세대의 가르침이나 도움 또는 학교에서의 교육이나 독서 지도 없이 자생적으로 생겨났다고 하는 것입니다.

어쨌든, 1970년대 후반 한글세대의 등장으로 도서 판매시장이 확대되면서 출판물의 광고도 크게 늘어납니다. 그 배경은 다음과 같습니다(부길만, 1991).

첫째, 석유파동으로 생긴 경기침체를 광고를 통해 극복해 보려는 출판계의 의지가 반영되었다. 둘째, 1970년대 후반에 들어서 교양서적이 주업종인 출판사들이 많이 생겨나 책 광고가 활발해졌다. 셋째, 한글세대 독자층이 대거 등장함에 따라 이들을 겨냥한 광고가 늘어났다. 특히 1970년대에 시작한 일부 출판사들은 상업미술의 감각을 받아들여 책 광고를 일회성 안내의 성격에 머물게 하지 않고 출판사의 종합적인 이미지 정립으로 연결시키려는 시도를 하였다. 특히 홍성사, 고려원, 평민사, 전예원, 열화당, 월간독서, 까치 같은 출판사들이 상업미술 전문가들과 손을 잡고 이런 시도에 앞장을 섰다. 이러한 적극적인 광고 활동을 통하여 1970년대 말의 경기침체가 출판시장을 위축시키는 것을 막아내고, 소비자들의 책에 대한 친화력을 높여놓은 공로는 크다고 할 것이다.

이러한 한글세대는 한문이나 일어를 사용해야만 했던 윗세대와는 사고방식이나 감수성이 확연히 달라집니다. 그것은 역사적 체험의 차이에서 생겨나는 것입니다. 김병익(1989)은 이렇게 말합니다.

한문세대는 자기들 시대에 국권을 잃어버렸다는 죄책감을 가져야 했고, 일어세대는 자신들이 식민지 시대에 식민지 교육을 받았다는 콤플렉스에서 벗어날 수 없었으며, 선배시대는 자신들의 성숙기에 해방과 함께 분단과 전쟁을 맞아 희생되었다는 수난의식에 빠져 있었다. 한글세대는 물론 식민지적 상황과 6·25의 피해로부터 자유로울 수는 없었지만, 그 같은 불행하고 혹은 왜곡된 역사의 직접적인 당사자가 아니었으며, 그래서 그들은 자기가 당하지 않은 비극에 매어 있기보다는 자신들의 가능성이 열려 있는 미래를 향해 시선을 던질 수 있었다.

또한, 김현(1993)은 언어 또는 문자 사용은 그 언어가 주는 이데올로기를 내면화하게 된다고 주장합니다. 그 주장을 좀 더 따라가 봅시다. 한자 사용은 충효사상과 수직적 인간관계를 반영하는 봉건적 유교 이념을 수용한다는 것이지요. 반면에, 한글은 평등의식과 민주주의를 지향하는 문자로 인식하게 됩니다. 그래서 개화기 초기의 선구자들은 한글의 폭넓은 가능성, 새로운 윤리의 그릇으로서의 한글의 가능성을 보았습니다. 일제하에 이르면 그 민권 투쟁의 도구이던 한글이 국가 보존의 도구로 변모합니다. 일제하의 그 어두컴컴하고 질식할 듯한 시기에 한국어를 지킨다는 것은 한국어를 사용할 줄 아는 공동체를 지키는 일과 맞먹는 일이었습니다.

이제, 박숙자(2017)의 주장처럼, 해방 후 한글세대는 글쓰기에서도 국가주의와 같은 거대 이념 못지않게 개인성을 강조하게 되었고, 일상적 입말을 글쓰기의 표현으로 옮겨내는 과정에서 이들은 언어와 감성, 사유의 주체로 서게 됩니다.

Q 문고본 출판은 왜 1970년대에 활성화되었나요?

1970년대에 문고본 출판이 활성화된 것은 한글세대의 등장과 함께 독자층의 저변이 넓어진 것이 주요한 원인이라고 생각합니다. 다시 말하면, 독서가 극소수 엘리트뿐만 아니라 다양한 계층의 시민들의 일상생활 속으로 스며들기 시작했음을 말합니다.

1960년대에 전집이 출판시장을 주도했다면, 1970년대에는 문고본이 그 역할을 담당한 셈입니다. 문고본은 판형이 작고 휴대하기 편하며 가격이 저렴한 책으로 대량보급용입니다. 따라서 지식의 대중화와 독서 생활화에 가장 적합합니다. 세계적으로 문고본의 시작은 영국에서 18세기에 나온 6실링짜리 『대영시집』이라고 합니다. 지식의 대중화에 크게 성공한 문고본으로는 1935년 영국에서 나온 펭귄북스가 있습니다. 펭귄북스는 문고본인데도 매력적인 디자인으로 독자의 눈길을 끌었고, 도서판매처를 서점에 국한시키지 않고 신문가판대, 담배가게, 백화점, 체인 상점 등으로 확대하고 자동판매기까지 설치하여 마케팅을 강화했습니다(부길만, 2013b).

한국의 경우 최초의 문고본은 1909년 최남선이 신문관에서 발행한 십전총서입니다. 해방 직후에도 을유문고(1947), 정음문고(1947), 민중문고(1946) 등이 나와 상당한 호응을 얻었지만, 6·25전쟁으로 인하여 계속 이어지지 못했습니다. 1950년대 말엽 양문문고(1959), 교양문고(1958), 경지문고(1959), 현대문고(1959) 등이 나오며 문고붐을 재현하는 듯했으나 오래가지 않았습니다.

본격적인 문고본 시대가 열린 것은 1970년대 들어와서입니다. 1970년대에 나온 주요 문고본은 정음문고, 서문문고, 삼중당문고, 문예문고 등인데, 다음에 간략하게 살펴봅니다(오경호, 1984).

정음문고는 1947년부터 간행하기 시작해 1949년까지 40여 종을 내어놓다가 6·25전쟁으로 일단 중단하게 됩니다. 1974년 제1권『조선민족 갱생의 도』(최현배)를 시작으로, 복간하여 동서고금의의 고전, 인문과학, 사회과학, 자연과학 및 동서의 명작문학을 정선해 문고에 담았습니다. 또한, 한국학 연구의 길잡이가 될 수 있는 자료를 수록·보급하는 데에도 중점을 둡니다.

박영문고는 1960년부터 40여 종을 발행하다가 일시 중단되었는데 1974년부터 복간합니다. 제1권『세계문학소사(世界文學小史)』(조용만)를 시작으로 동서양 및 한국의 고전과 현대작품 중 문제작을 발굴해 문고로 만듭니다.

서문문고는 1972년 4월부터 제1권『한국회화소사(韓國繪畵小史)』(이동주)를 시작으로 매달 5종씩 꾸준히 출판합니다. 이미 전집으로 출간되어 손쉽게 구해 읽을 수 없는 구간(舊刊)이나 절판된 것을 복간하고, 외국 저명 작가의 신간을 국내에 소개해 주는 문고들을 냅니다.

삼중당문고는 1975년 1월부터 제1권『성웅 이순신』(이은상)을 시작으로 양식 있는 문화계층을 널리 양성한다는 취지로 문학, 과학, 전기, 수필, 사상, 전반에 걸쳐 다양한 분야의 문고를 내놓습니다.

문예문고는 1972년 10월 제1권『그리스 로마 신화』(에디스 해밀턴)를 시작으로 정신적 양식이 될 수 있는 명저와 새로운 지식을 공급할 수 있는 책만 낸다는 취지로 다양한 분야의 문고를 선보입니다.

이상의 문고들은 모든 분야와 장르를 망라하는 '종합문고'라 할 수 있습니다. 그런데, 문고에서도 특정 분야를 중심으로 다루며 전문성을 띤 문고본들이 있습니다. 예를 들면 현대과학신서, 교육신서, 범우에세이문고, 크리스천 시리즈 등입니다.

1970년대에 문고본 출판이 활성화된 데에는, 1972년 초 삼성문화재단에서 '도의(道義)문화의 앙양'이란 슬로건으로 '삼성문화문고'를 발간하며 파격적으로 싼 값에 보급한 사건도 영향을 끼쳤다고 합니다. 삼성문화문고 1권의 값이 당시 도서 가격의 3분의 1 이하인 70원이었으니, 상업출판사들은 큰 충격을 받을 수밖에 없었지요. 대한출판문화협회에서는 이러한 출판행위는 재벌이 영세 출판계를 압박하는 처사라고 규정하여 정부 당국에 중단시켜 줄 것을 요청하였고, 결국 정부의 중재로 삼성문화재단은 상업출판사에서 출판하기 어려운 서적 출판에 치중한다는 선에서 6개월 분규가 일단락되었습니다 (대한출판문화협회, 1987).

이 사건을 계기로 출판계에서는 이와 대항하기 위해서 정가정책을 변경했습니다. 즉 염가본의 보급과 가격인하를 단행하였고, 따라서 도서 장정의 경장화를 촉진시키기도 했습니다(이경산, 1973).

Q 한국에서 도서정가제는 언제부터 시작되었나요?

현재 도서는 정가제로 판매하도록 법에 규정되어 있습니다. 완전 정가제는 아니고 책값의 10% 이내에서 할인할 수 있게 되어 있지요. 다시 말하면, 서적은 다른 상품과는 달리, 10% 넘는 할인을 법으로 금지합니다. 이것은 서적이라는 상품을 시장논리에만 맡겨둘 경우, 서적출판의 다양성이 위축되고 영세한 서점들이 살아남기 어려워져 독서문화 전체가 발전하기 어렵다는 현실을 감안했기 때문입니다.

그런데, 역사적으로 도서정가제가 본격적으로 시작된 것은 1970년대 후반입니다. 당시 서점을 찾는 독자들은 늘어났지만, 서점의 유통질서가 여전히 문란하고 할인판매가 성행하는 상태에서 이를 바로잡고자 나온 것입니다.

6·25전쟁 직후 도서유통 상황은 매우 악화되어 서적덤핑시장이 형성되었습니다. 덤핑행위도 처음에는 안 팔린 재고 서적을 싼 값으로 투매하는 소극적인 방법을 사용하다가, 구입해 온 지형을 이용하여 직접 덤핑서적을 출판하는 방법까지 동원합니다. 더 나아가, 다른 출판사의 출판물을 무단으로 표절하여 제작하고는 높은 정가를 매겨 할인폭을 크게 하여 유통시키는 비열한 방법까지 등장합니다(부길만, 2014).

이런 상황에서 서점계에서는 전국서적상연합회를 중심으로 도서정가제운동을 벌였고 출판계에서도 대한출판문화협회를 중심으로 적극 나섰지만, 1970년대에 들어와서도 유통질서는 문란한 상태를

벗어나지 못했습니다. 이러한 상황을 극복하고자 출판계에서는 출판
금고 직영으로 모델 서점을 개설합니다. 1972년 5월 서울 광화문에
중앙도서전시관을 설치하는 데 279개 출판사가 참여했지요. 이 도
서전시관에서는 정가 판매를 했음에도 독자들의 호응을 얻어 판매
량이 매해 늘어났고 참여하는 출판사의 수도 증가했습니다. 이러한
정가 판매제의 성공은 1970년대 후반에 확립된 도서정가판매제도
의 밑거름으로 작용했다고 생각합니다(부길만, 1991).

한편, 서점계에서는 1973년 7월 전국서적상인단합대회를 열어 도
서정가판매를 결의합니다. 1975년 문고본을 낸 출판사들은 도서가
격을 인하하였고 이와 동시에 엄격한 정가판매를 거래조건으로 내
세우기도 했습니다. 이러한 시도들이 이어지는 가운데, 서적상연합회
에서는 1977년 11월 21일, 전국 서점인 새마을운동 단합대회를 개
최하고 12월 1일을 기해서 전국적으로 도서를 정가대로 판매할 것
을 결의합니다. 출판계에서도 이에 적극 호응하였고, 민중서관, 동
아출판사, 교학사, 시사영어사 등 상당수 영향력 있는 출판사에서
는 도서가격을 인하하는 결단을 내리기도 했습니다. 도서정가제는
1977년 12월 1일 이후 각 서점에서 규칙을 어기는 곳이 거의 없이
성공적으로 시행됩니다.

도서정가제 실시는 서점들이 자구책으로 실시했던 제도인데, 독서
문화와 서점계에 다음과 같은 영향을 끼쳤습니다(대한출판문화협회,
1979).

첫째, 독자들에게 책에 대한 권위를 새로 인식시키는 결과를 가져

왔습니다.

둘째, 서점 경영주들에게 의욕을 불러일으켜 경영 자세의 개선과 운영의 합리화를 이루게 했습니다.

셋째, 서울의 일부 지역과 지방 도시에서 판을 치던 덤핑서적들이 줄어드는 현상이 일어났습니다.

Q 1970년대에는 어떤 종류의 책들이 많이 나왔나요?

1970년대에는 1960년대와 달리 비교적 다양한 분야에서 많은 책들이 쏟아져 나왔습니다. 어떤 종류의 책들이 나왔는지는 분야별 도서 발행종수를 살피면 알 수 있습니다.

《한국출판연감》에 의하면, 1979년의 경우, 발행종수가 가장 많은 것은 문학 분야 서적이고(4,524종), 2위는 사회과학(1,984종), 3위 아동서(1,879종), 4위 학습서(1,875종), 5위 기술과학(1,699종), 6위 종교(1,465종), 7위 예술(1,242종)로 나와 있습니다. 그 외에 1,000종에도 미치지 못하는 분야는 철학(785종), 어학(764종), 역사(429종), 순수과학(345종), 총류(160종)입니다. 그래도 1979년의 발행종수 통계는 1970년과 비교하면 총류를 제외한 전 분야가 4배 이상 신장된 수치입니다.

그런데, 판매상황을 유추할 수 있는 종당 발행부수를 보면 이야기가 달라집니다. 즉, 1종당 차지하는 평균 발행부수는 그렇게 많이 늘지 않아 1970년 1,838부에서 1979년 3,502부로 2배에도 미치지 못합니다. 이것은 1970년대에 한글세대와 신진출판사들이 대거 등장하여 발행량을 키워놓았지만, 도서판매시장은 그렇게 커지지 못했음을 말해줍니다.

분야별 종당 발행부수 순위도 앞의 발행종수 순위와는 많이 다릅니다. 1979년 종당 발행부수 1위는 학습서(1만 6,258부), 2위 종교(3,834부), 3위 예술(2,426부), 4위 역사(2,148부), 5위 총류(2,121부), 6위 어학(2,115부)이고, 나머지 분야는 모두 2000부 미만입니다. 발행종수에서 상위권인 문학, 사회과학, 아동서 등의 종당 발행부수가 2,000부 미만이고 학습서 발행부수가 두드러지게 높다는 사실은 출판영역이 확장되었음에도 불구하고 도서시장은 여전히 학습참고서에 크게 의존하고 있음을 보여줍니다.

물론, 이것은 분야별로 본 일반적인 특징을 말하는 것이고, 문학서나 사회과학 서적들의 경우 일부 도서들은 커다란 판매시장을 형성하면서 베스트셀러의 단위를 대폭 끌어 올렸습니다. 이에 대해서는 바로 다음 항목에서 살펴봅니다.

Q 1970년대에는 어떤 책들이 베스트셀러가 되었나요?

1970년대는 출판시장이 커짐에 따라 베스트셀러의 기준도 수천 부에서 5만 부 선으로 올라갑니다. 또한, 그 종류도 다양해져서 문학서뿐만 아니라 인문·사회과학 서적들도 상당수 베스트셀러 목록에 자리를 잡습니다.

이러한 베스트셀러들을 이임자(1998)의 조사를 토대로 분야별로 살피는데, 크게 (1)문학, (2)인문·사회과학 부문으로 구분하고, 문학 부문은 다시 ①창작소설, ②번역소설, ③비소설로 세분하고자 합니다.

(1) 문학 부문

① 창작소설
창작소설 베스트셀러를 연도순으로 살피면 다음과 같습니다.

1970년:『숲에는 그대 향기』(강신재, 대문출판사)

1971년:『고죄(告罪)』(정연희, 중앙출판공사),『젊은 느티나무』(강신재, 대문출판사)

1972년:『목녀』(최의선, 서정출판사),『고독한 사춘기』(박계형, 노벨문화사)

1973년:『움직이는 성』(황순원, 삼중당),『소문의 벽』(이청준, 민음사)

1974년:『별들의 고향』(최인호, 예문관),『객지』(황석영, 창작과비평사)

1976년:『당신들의 천국』(이청준, 문학과지성사)

1977년:『부초』(한수산, 민음사),『겨울 여자』(조해일, 문학과지성사),『도시의 사냥꾼』(최인호, 예문관),『휘청거리는 오후』(박완서, 창작과비평사)

1978년:『난장이가 쏘아올린 작은 공』(조세희, 문학과지성사),『머나먼 쏭바강』(박영한, 민음사),『상처』(김수현, 문학예술사)

1979년:『갈 수 없는 나라』(조해일, 삼호사),『내일은 비』(김병총, 고려원)

위의 베스트셀러 작가들을 살펴보면, 최인호, 황석영, 이청준, 한수산, 조해일, 박영한 등처럼 해방 이후에 교육받은 인물들로 한글세대들이 주축을 이룬 것을 알 수 있습니다.

1970년대 베스트셀러 작가에 포함된 강신재, 정연희, 최의선, 박계형 등은 워낙 유명한 작가들인데 1970년대에는 앞의 한글세대 작가들에 비하여 큰 주목을 받지 못한 것으로 보입니다. 이들과 달리, 1970년대에 왕성한 작품 활동을 했던 박완서는 1931년생으로 일제강점기에 교육을 받은 세대에 속하지만, 1970년 마흔 나이에 늦깎이로 등단하여 한글세대 작가들과 같은 시기에 활동하며 한글세대 독자들과 호흡을 같이했던 작가입니다. 박완서는 『휘청거리는 오후』, 『목마른 계절』 같은 소설 외에도 베스트셀러 수필집 『꼴찌에게 보내는 갈채』를 펴낸 바 있습니다. 그는 1980년 이후에도 『살아 있는 날의 시작』(전예원), 『오만과 몽상』(한국문화사), 『그대 아직도 꿈꾸고 있는가』(삼진기획) 등의 베스트셀러 작품들을 펴내며, 독자들의 사랑을 받았습니다. 그는 연령은 다르지만, 활동시기는 물론 작품의 성격이나 문체 면에서도 한글세대의 작가로 볼 수 있겠습니다.

그런데, 같은 한글세대의 작가라 해도 문학적 관심이나 작품 소재는 각양각색입니다. 여성을 주인공으로 사랑 이야기를 다룬 최인호·조해일, 고향에서 밀려난 일용직 노동자를 주인공으로 노동현실을 고발한 황석영, 뿌리 뽑힌 공장 노동자의 비애를 환상적인 수법으로 그려낸 조세희, 월남전 참전군인의 삶의 애환을 다룬 박영한 등등 참으로 다양합니다.

② 번역소설

1970년대 베스트셀러 목록에는 1960년대와 달리 일본 번역소설은 거의 보이지 않고 그 대신 미국, 유럽 등에서 나온 작품들이 대거 등장합니다. 연도별로 살펴면 다음과 같습니다.

1970년: 『찬물 속의 한줄기 햇빛』(프랑수아즈 사강 저, 이환 외 역, 세종출판공사), 『빼앗긴 이름』(김은국 저, 도정일 역, 시사영어사)

1971년: 『콘라비아』(로렌차 마제티 저, 곽우종 역, 문예출판사), 『이반 데니소비치의 하루』(솔제니친 저, 이동현 역, 문예출판사)

1973년: 『어린왕자』(생텍쥐페리 저, 김현 역, 문예출판사), 『갈매기의 꿈』(리처드 바크 저, 한상철 역, 청산문화사), 『다니엘라』(루이제 린저 저, 홍경호 역, 범우사)

1974년: 『인간의 대지』(생텍쥐페리 저, 민희식 역, 문학출판사)

1975년: 『위기의 여자』(시몬 드 보부아르 저, 오증자 역, 정우사)

1977년: 『뿌리』(알렉스 헤일리 저, 하길종 역, 한진출판사), 『흐트러진 침대』(프랑수아즈 사강 저, 소두영 역, 청조사)

1978년: 『초대받은 여인』(보부아르 저, 민희식 역, 권성서재』, 『우리는 어디에서 어디로 가는가』(루 살로메 저, 송영택 역, 문예출판사)

1979년: 『하버드대학의 공부벌레들』(존 오스본 저, 구희서 역, 일월서각), 『날으는 것이 두렵다』(에리카 종 저, 유안진 역, 문학예술사), 『모모』(미카엘 엔데 저, 차경아 역, 청람사)

생텍쥐페리

번역소설을 보면 프랑수아즈 사강, 루이제 린저, 리처드 바크, 생텍 쥐페리, 보부아르, 미카엘 엔데 등 이미 외국에서 유명해진 작가들의 베스트셀러를 국내에 들여와 출판했음을 알 수 있습니다. 당시는 한국이 세계저작권조약에 가입하기 전이었기 때문에 똑같은 외국 작품이 출판사와 번역자를 바꾸어 여러 군데에서 나오곤 했습니다. 가장 많은 번역본이 나왔던 『어린 왕자』는 1973년 문예출판사에서 나온 이후 끊임없이 쏟아져 나오고 있는데, 2019년 기준 국립중앙도서관 검색에서 확인된 『어린 왕자』 출판사 수를 세어보니 300군데가 넘었습니다. 무분별한 중복 출판의 대표적인 사례라 하겠습니다.

1970년대에는 『어린 왕자』, 『모모』 같은 동화 또는 『갈매기의 꿈』과 같은 우화소설이 독서계에 선풍적 인기를 끌었습니다. 이러한 인기는 당시 세계적인 현상이었던 것으로 보입니다. 대표적인 예가 『어린 왕자』인데 180여 국가에서 번역되었고 누적 판매부수는 1억 부가 넘었을 것으로 추정된다고 합니다.

1970년대 외국 소설 베스트셀러의 특징은 여성작가 또는 페미니즘 성향의 작품이 대거 등장한 점입니다. 한국에서도 강신재, 정연희, 박완서 등의 유명 저자들이 베스트셀러 작가로 등장하기는 했지만 대세라 하기는 어렵습니다. 그러나 외국의 경우, 현대 프랑스에서 가장 많은 독자를 가진 작가로 알려진 프랑수아즈 사강, 이탈리아의 영화감독이자 작가로 활동했던 로렌차 마제티, 전후 독일의 가장 뛰어난 산문작가로 평가받는 루이제 린저, 프랑스의 소설가로 사르트르와의 관계로도 유명한 보부아르, 미국의 페미니즘 소설가인 에리카 종, 독일의 작가이자 정신분석학자로서 니체, 릴케, 프로이트 등에게 영감을 준 여성으로 알려진 루 살로메 등과 같은 여성작가들의 베스트셀러가 두드러집니다.

에리카 종

또 하나 특기할 사항은 한국인이 미국에서 영어로 쓴 소설인데, 한국어로 번역하여 출판한 것이 베스트셀러가 된 사례입니다. 김은국의 『빼앗긴 이름』인데, 일제강점기의 창씨 개명을 소재로 한 작품입니다. 김은국은 이 작품 이전에 『순교자』를 미국에서 영어로 펴내어 베스트셀러 작가로 유명해진 인물입니다. 『순교자』는 한국어·독일어 등 20여 개 언어로 번역되어 세계로 퍼져 나갔습니다. 한국어판 『순교자』 역시 1960년대에 출간되어 오랫동안 베스트셀러 자리를 지켰습니다.

③ 비소설

비소설은 주로 수필입니다. 수필집은 1960년대처럼 출판시장을 주도하지는 않았지만, 종합 베스트셀러 목록에 상당수 올라 있습니다. 우선, 수필 베스트셀러를 연도별로 소개합니다.

1970년: 『아름다운 창조』(안병욱, 삼육출판사), 『우리를 슬프게 하는 것들』(고은, 창조사), 『이렇게 살 때가 아닌가』(김용기, 창조사)

1971년: 『네 영혼이 고독하거든』(안병욱, 중앙출판공사), 『다함 없는 빛과 노래』(김남조, 서문당), 『돌베개』(장준하, 사상사)

1972년: 『감과 겨울과 한국인』(박대인, 범서출판사), 『세계의 나그네』(김찬삼, 삼중당), 『현대인의 잃어버린 것들』(이어령, 서문당)

1973년: 『사슴과 고독의 대화』(노천명, 서문당), 『영혼의 모음』(법정, 동서문화원)

1974년: 『진아의 편지』(구혜영, 창원사), 『아들이여 이 산하를』(이어령, 범서출판사)

1976년: 『무소유』(법정, 범우사), 『대통령의 웃음』(김동길, 정우사)

1977년: 『한』(천경자, 샘터사), 『한국인의 의식구조』(이규태, 문리사), 『꼴찌에게 보내는 갈채』(박완서, 평민사)

1978년: 『서 있는 사람들』(법정, 샘터사)

1979년: 『바구니에 가득 찬 행복』(임국희·최양묵, 전예원), 『새벽을 기다리는 마음』(함석헌, 동광사), 『사랑을 위하여』(고은, 전예원)

수필 베스트셀러 저자들을 보면 시인으로서 고은·김남조·노천명, 철학교수 안병욱, 문학평론가 이어령 등과 같이 1960년대부터 유명해진 작가들의 이름이 보입니다. 1970년대 등장한 베스트셀러 작가로는 우선 불교 승려로서 명상에세이를 다수 저술한 법정을 들 수 있습니다. 그는 1970년대뿐만 아니라 그 이후에도 많은 저서들을 펴내며 사회적으로 커다란 반향을 불러일으켰지요. 1980년대에도 『산방한담』, 『말과 침묵』, 『텅 빈 충만』 등 그의 여러 저서들이 베스트셀러에 오른 바 있습니다.

사상가 함석헌과 역사학 교수 김동길의 서적들이 베스트셀러에 올라 있는데, 이 두 분은 1970년대에 반독재 비폭력투쟁과 민권운동에 앞장섰고, 국민들의 의식을 깨우는 작업의 하나로 저술 활동에도 적극적으로 나섰습니다. 그 저술들이 국민들의 큰 호응을 얻어 베스트셀러가 된 것이지요. 그 외에도 농민운동가 김용기, 언론인 이규태,

방송인 임국희·최양묵, 지리학자이자 여행가 김찬삼 등 다양한 분야에서 활동한 인물들의 저서가 베스트셀러가 되었습니다.

이러한 현상은 이후에도 계속 이어져 1980년대에는 사업가, 의사, 과학자, 승려, 수녀 등 다양한 직업군에서 베스트셀러 저자가 나오게 됩니다.

1970년대의 특이한 베스트셀러 저자로 박대인을 꼽을 수 있습니다. 그는 한국인이 아니라 미국인이고, 본명은 에드워드 W. 포이트라스입니다. 한국에 감리교 선교사로 왔는데, 한국의 자연과 문화에 심취하여 많은 한국어 수필을 남겼고, 박두진 시집(『내일의 바다』)을 영어로 번역하기도 했습니다.

수필 베스트셀러 중에 외국인 수필을 번역한 경우도 간혹 있는데, 예를 들면 1973년 헤르만 헤세의 『한밤중의 한 시간』(김주연 역, 범서출판사), 1977년 모건의 『사랑받는 아내』(조동춘 역, 언어문화사) 등입니다. 또한, 외국인의 시를 번역한 『세계시인선』(엘리어트 외 저, 황동규 외 역, 범서출판사)도 1974년 베스트셀러에 오른 바 있습니다.

(2) 인문·사회과학

인문·사회과학 분야의 베스트셀러는 소설 분야에 비하면 적은 종수이지만, 그 이전 시기에 비해서는 상당수 늘어났다고 할 수 있습니다. 1970년대 인문·사회과학 분야 베스트셀러는 다음과 같습니다.

1970년:『수평적 사고』(드 보노 저, 한국능률협회 역, 한국능률협회)

1971년:『미래의 충격』(A. 토플러 저, 한국생산성본부 역, 한국생산성본부), 『희망의 회고록』(드골 저, 양동칠 역, 창지사), 『현대사상』(안병욱, 삼육출판사), 『단절의 시대』(P. 드러커 저, 김우종 역, 집문당), 『미래를 살다』(토인비 저, 김우종 역, 집문당)

1972년:『빌리 브란트』(볼레쉬 외 공저, 황문수 역, 범우사), 『토인비와의 대화』(토인비 저, 최혁순 역, 범우사)

1973년:『베리야 일대기』(S. 위틀린 저, 이태훈 역, 동화출판공사), 『행복의 정복』(러셀 저, 황문수 역, 문예출판사), 『불가능은 없다』(카네기 저, 이영일 역, 대운당)

1974년:『나와 너』(마틴 부버 저, 김천배 역, 대한기독교서회)

1976년:『링컨의 일생』(김동길, 샘터사)

1977년:『한국인의 의식구조』(이규태, 문리사)

1978년:『이사도라 이사도라 : 이사도라 던컨의 자서전』(이사도라 덩컨 저, 유자효 역, 모음사), 『소유냐 삶이냐』(에리히 프롬 저, 김진홍 역, 홍성사)

1979년:『불확실성의 시대』(갤브레이스 저, 김태선 역, 홍성사)

이것을 보면 베스트셀러의 종류가 철학, 경영학, 사회학, 미래학, 전기 등으로 확대되었음을 알 수 있습니다.

전기 또는 자서전이 5종이나 됩니다. 프랑스의 레지스탕스 운동을 주도했던 드골, 러시아 혁명기 군인이자 정치가인 베리야, 독일 통일의 초석을 놓은 빌리 브란트, 미국의 남북전쟁에서 승리해 노예 해방을 이끌어낸 링컨, '현대 무용의 어머니'로 불리는 이사도라 덩컨이 그 주인공입니다.

철학 또는 사회심리학 관련 베스트셀러로 러셀, 안병욱, 마틴 부버, 에리히 프롬의 저술이 있습니다. 일반인에게는 쉽지 않은 주제의 전문서에 해당되는데, 베스트셀러 목록에 오른 것은 그만큼 독자층의 수준이 높아졌다는 반증일 것입니다. 같은 맥락에서, 현시대를 분석하거나 미래를 전망하는 갤브레이스, P. 드러커, 토인비, 토플러의 저술들 역시 무거운 주제를 다루고 있는데도 베스트셀러가 되었습니다. 또한, 1970년대 베스트셀러에는 발상의 전환과 긍정의 마인드를 강조하는 드 보노와 카네기의 저술도 들어 있습니다.

이러한 베스트셀러들을 살펴보면, 1970년대의 독자층은 확대와 동시에 다양화로 향해 가고 있음을 알게 됩니다.

Q 1970년대 대표적 베스트셀러 작가는 누구인가요?

1970년대에는 한글세대의 등장과 함께 많은 베스트셀러 작가들이 나왔습니다. 베스트셀러에서 수필이 강세를 보였던 1960년대와 달리, 1970년대에는 소설이 출판시장을 주도하며, 베스트셀러 소설가들이 다수 등장했습니다. 그 중 대표적인 저자로 최인호와 황석영을 꼽을 수 있습니다.

① 소설가 최인호

해방 직후인 1945년 10월에 출생한 최인호는 한글세대의 대표적인 작가라 할 수 있습니다. 그는 윗세대와 달리 태어날 때부터 한국어를 사용하고 한글로 교육을 받은 세대입니다. 감칠맛 나는 한글 문장을 구사한 그의 소설들은 커다란 인기를 얻으며 출판시장의 확대에 기여했습니다. 물론, 한글 문장으로 소설을 쓴 것은 역사가 길어 17세기 서포 김만중(1637~1692)에게까지 올라갑니다.

한글로 글을 쓰는 것은 한문 사용과 다른 의식에서 나온 것이라고 문학평론가 김현은 주장합니다. 즉, 한문이 차별주의자 유교 이데올로기의 글자라면, 한글은 평등의식과 민주주의의 글자라는 것입니다. 17세기에 이미 김만중은 『서포만필』에서 자국어의 사용이 참 문장이라는 의견을 피력하였는데, 김현은 이를 '자국어 선언'이라고 의미를 부여하며 높이 평가합니다. '자국어 선언'이란, 사대부의 한문 시구는 스스로의 언어가 아닌 '다른 나라'의 것을 반복하고 있는 데 불과하므로, 세련미는 떨어지더라도 우리말로 된 평민들의 하찮은 노래가 더욱 훌륭하다는 말입니다(한보성, 2014).

실제로 김만중은 유배지에서 『사씨남정기』를 펴내 한글소설의 선두 주자가 되었습니다. 물론, 김만중 이전에도 한글소설이 있습니다. 『홍길동전』이 맨 처음 나온 한글소설로 알려졌지만, 그 이전에 최초의 한글소설로 채수가 쓴 『설공찬전』국문본의 존재를 이복규 교수가 발표한 바 있습니다(이복규, 2003). 『조선왕조실록』에도 1511년 채수가 한문으로 지은 『설공찬전』이 한글로 번역되어 시중에 널리 퍼졌다고 나와 있습니다. 1531년 낙서거사의 『오륜전전』도 초기 한글 소설이라고 이 교수는 주장합니다. 그리고 김만중 이후 조선후기에 방각본 한글소설들이 크게 성행했고, 1930년대에는 신문 연재소설 들이 큰 인기를 끌었으며, 해방 이후인 1950년대와 1960년대에도 다양한 소설들이 많이 나와 독자들의 호응을 얻은 바 있습니다. 그 렇긴 하지만, 소설 시장의 본격적인 확장은 한글세대 작가들이 대거 등장하기 시작한 1970년대부터라 하겠습니다. 이때를 수많은 한글 세대 독자들과 호흡을 맞춘 대중소설의 시대라 부를 수 있는데, 그 대표 주자가 바로 최인호입니다.

최인호는 1963년 고교 2학년 재학 당시 단편 『벽구멍으로』《한국 일보》)로 신춘문예에 입선한 바 있고, 1967년 단편 『견습환자』가 《조 선일보》 신춘문예에 당선된 후 본격적으로 작품 활동을 시작했습니 다. 이후 그는 『술꾼』(1970), 『모범동화』(1970), 『타인의 방』(1971), 『처 세술 개론』(1971) 등의 단편소설을 발표하며 문단에서 주목을 받았 는데, 장편 『별들의 고향』으로 대중적 인기를 얻게 됩니다. 『별들의 고향』은 《조선일보》에 1972년 9월부터 1973년 9월까지 314회 연재 되었는데, 이때 최인호는 불과 27세였고, 문단 경력 5년밖에 되지 않 은 신인 작가였습니다. 하긴 1917년 춘원 이광수가 장편소설 『무정』 을 《매일신보》에 연재를 시작하여 폭발적인 인기를 끈 것도 25세 때 입니다. 그러나 이것은 지식인 숫자도 극히 적었던 일제강점기의 현 상이라 할 수 있지요. 대중교육이 확산된 대한민국의 70년대에 20 대 청년인 최인호가 신문 연재소설의 집필을 담당한 것은 당시로서는 이변 혹은 거의 충격으로 표현될 수 있습니다(김병익, 1977). 그러나 최인호는 기대 이상으로 엄청난 성공을 거두었고, 이후 다른 신문과 잡지에서도 최고 인기작가로 연재를 맡게 됩니다. 1974년《일간 스포츠》(바보들의 행진), 1976년《중앙일보》(도시의 사냥꾼), 1978년《국제신보》(천국의 계단), 1979년《조선일보》(불새), 1981년《중앙일보》(적도의 꽃) 등등 이외에도 끝없이 연재가 이어집니다. 그뿐만 아니라, 그의 성공에 힘입어 다른 신인작가들도 신문 연재소설을 맡게 됩니다. 한수산, 박범신, 조해일, 황석영, 조선작 등 바로 한글세대 작가들입니다. 이처럼 중앙의 대신문사들이 이 젊은 작가들을 경쟁적으로 탐하고 다른 고료에 비해 연재소설의 고료만을 대폭 인상시켜 이들의 획득에 주력했다는 것은, 김병익(1977)의 말처럼 70년대 작가들이 신문소설에서 독자와 편집자의 기대를 충족시켜 주었음을 입증하는 것입니다. 이들은 소설 속의 젊은 주인공들을 좀 더 활기 띤 모습으로 변화하게 만들었는데, 이들 젊은 주인공들은 작가들의 정확하고 세련된 언어로 태어나 독자들에게 가까이 다가가서 독자들의 현실 일탈의 욕망을 대신하게 됩니다(김경양, 1998). 독자들의 호응은 물론 매우 뜨거웠지요.

『별들의 고향』은 소설의 인기에 힘입어 1978년 영화로 만들어져 흥행에서 엄청난 성공을 거둡니다. 이 영화를 만들며 데뷔한 이장호는 20대에 유명 감독으로 떠올랐고, 아역 배우 출신 안인숙은 주인공 경아 역을 맡은 덕분에 최고 스타가 되었습니다.『별들의 고향』이전인 1975년『바보들의 행진』이 영화화되었고, 그 이후에도 최인호

의 소설들은 계속 영화로 만들어져 인기몰이를 하게 됩니다. 1980
년『불새』, 1983년『적도의 꽃』, 1984년『고래사냥』, 1986년『겨울나
그네』등 참으로 많습니다.

또한, 최인호가 시나리오를 쓴 영화 〈깊고 푸른 밤〉은 1984년 영
화화되었는데, 1986년 아시아 영화제와 대종상에서 각본상을 수상
했습니다. 이 영화는 1982년 이상문학상을 받은 최인호의 단편 〈깊
고 푸른 밤〉에서 제목을 따오고 내용은 그의 장편『물 위의 사막』을
각색한 것입니다. 미국에서 영주권을 얻기 위하여 위장결혼을 한 한
국인 이민자의 기형적이며 비극적인 사랑 이야기를 다룬 이 영화는
흥행에도 커다란 성공을 거두었습니다. 당시 60만 관객이 이 영화를
보았다고 합니다. 1,000만 관객을 동원하는 오늘날 인기 영화와 비
교하면 초라한 성적표이지만, 1980년대 영화계에서는 최고의 관객
기록이었고 그 인기는 정말 대단했습니다. 저도 안성기와 장미희가
주연으로 나온 이 영화를 재미있게 본 기억이 납니다.

그러고 보면, 최인호의 소설들은 영화화하기에 매우 적합한 줄거리
를 갖고 있습니다.『별들의 고향』을 예로 들어봅니다(양평, 1985).

대학교 미술강사인 '나'라는 주인공이 지난날의 애인이던 '경아'의 죽
음에 접해 '경아'의 지난날을 회상하는 것으로 시작된다. 철이 덜든 듯
순진하고 착한 경아는 대학 중퇴 후 회사원이 되나, 무책임한 남자 사원
의 유혹으로 임신 중절까지 한 후 버림받는다.

그로 인한 쇼크 때문에 그는 아이가 있는 중년 남자와 결혼하나 과거
가 들통나 버림받은 후 술집을 전전하다 '나'를 만난다. 그러나 결국 '나'

와도 헤어진 후 완전히 영락된 생활 끝에 행려병자같이 죽어간다.

위의 줄거리에서 보듯이, 『별들의 고향』은 여성을 주인공으로 하는 멜로드라마이며 대중소설의 성격을 지니고 있습니다. 장서연(1998)의 분석처럼, 『별들의 고향』을 비롯한 1970년대의 대중소설은 여성 중심의 서사구조를 지니는데, 그 여성인물은 뛰어난 미모를 지니고 있으며 성격은 밝고 명랑하며 고학력의 여성으로 묘사되어 있습니다. 따라서 "독자들은 여성 주인공들에게 쉽게 매료되며, 대중소설을 읽는 독자들은 작품 속의 인물을 자신과 동일시합니다. 그것은 남성 독자의 경우에 아름답고 명랑한 고학력의 여성 주인공을 현실에는 존재하지 않는 자신의 연인으로 여기며, 여성 독자의 경우 여성 주인공과 자신을 동일시하는 경험을 함으로써 구현됩니다"(장서연, 1998).

『별들의 고향』에 나오는 이러한 여주인공 '경아'에 대한 독자들의 애정과 집착은 매우 강하여 연재 중에 독자들은 신문사에 "경아를 너무 가엾게 만들지 말아 달라", "경아에게 너무 술을 마시게 하지 말라"는 요구를 해 왔다고 합니다. 『별들의 고향』은 20대의 젊은 작가가 평이한 서술을 구사하여, 지금까지 독서라면 두려움부터 느끼던 계층들도 즐겨 읽었으며, 특히 '경아'가 호스티스여서인지 그런 부류의 계층에서 많이 읽었다고 하는데, 그들 중에는 상당수가 이름을 '경아'로 바꾸었다고 합니다(양평, 1985).

한편, 최인호의 신문 연재소설이 등장한 1970년대는 1930년대와 비교되기도 합니다. 1930년대는 일제의 강압 정치가 극성을 부릴 때였고, 1970년대는 박정희정권의 장기 독재 정치가 본격화되던 시기였습니다. 김경양(1988)은 "이 두 시기에 공통적으로 나타나는 억압된 정치적인 상황은 신문의 최우선 기능인 보도기능의 상실을 가져왔고 이는 곧 신문에 오락기능이 중심이 되는 현상을 가져오게 하였다"라고 지적합니다.

이와 함께 최인호문학의 통속성이 거론되는데, 1970년대에 등장한 리얼리즘 계열의 소설 곧 민족이나 민중 또는 농민이나 노동자를 강조하는 소설과 비교하며 최인호의 소설은 당대 현실을 회피한 것이라는 비판을 받고 있습니다. 아울러, 문학평론가들은 최인호의 소설을 평가 대상에서 제외시켜 버립니다.

그런데, 심재욱(2015)은 다소 결이 다른 목소리를 냅니다.

70년대 리얼리즘소설이 세계의 분열과 개인의 타락이라는 한계를 민중의 연대를 바탕으로 극복하고자 했다면, 최인호는 이를 포기하고 다른 식의 존재 가능성을 탐색한다. 『별들의 고향』의 문오를 비롯한 인물들은 이미 분열되어 있는 자신의 양가적 욕망을 기만적으로 충족시키는 인물로 등장한다. 이들은 어느 순간부터 통합되지 않는 자신들의 파편적 욕망 그 자체에 집중하는 것으로 역사적 주체로서의 책임을 외면하려 한다. 주목할 점은 이러한 텍스트의 모순적 태도가 당대의 대중의식과 연결된다는 사실이다. 당시의 청년들은 부조리한 사회에 저항하는 투사이기도 했지만 한편으로는 속물적인 주체로 분열되어 있었다.

텍스트와 대중의식 사이의 이러한 상동성은 소설에 대한 엄청난 호응을 이끌어내고 대중소설, 상업소설이란 영역을 만들어낸다.

최인호는 호스티스 문학, 상업주의 작가라는 비난을 들으면서도 엄청난 양의 작품들을 발표하며 소설, 시나리오, 수필 등 다양한 장르에 걸쳐 자신의 문학세계를 확고히 구축해갔습니다. 1980년대 이후에 쓴 장편소설만 꼽아보아도 『적도의 꽃』(1981), 『고래사냥』(1982), 『겨울나그네』(1984), 『잃어버린 왕국』(1985), 『길 없는 길』(1989), 『제왕의 문』(1991), 『상도』(1997), 『해신』(2001), 『유림』(2005), 『제4의 제국』,(2005), 『머저리 클럽』(2008), 『낯익은 타인들의 도시』(2011) 등등 이루 헤아리기 어려울 정도입니다.

이 중에 『낯익은 타인들의 도시』는 그가 침샘암으로 고통받는 중에 발표한 작품인데, 그동안의 대중적인 경향을 넘어 현대사회를 성찰하는 새로운 소설 창작을 시도한 것으로 평가 받고 있습니다. 또한, 월간 잡지 《샘터》에 1975년부터 해 온 자전적인 연작 수필 『가족』의 연재는 투병중에도 계속하여 34년 6개월 동안 이어졌습니다. 이 수필에는 카톨릭에 귀의한 최인호의 종교와 가족사가 잘 그려져 있습니다. 2013년 5월에는 경허 선사와 그 제자인 수월, 해월, 만공 선사의 일대기를 다룬 소설 『할』을 펴냈습니다. 병세 악화로 2013년 9월 25일 숨을 거둘 때까지도 작품 활동을 멈추지 않았던 최인호는 1970년대 이후 우리 독서시장을 크게 확장시켰던 인물이라고 할 수 있습니다.

② 소설가 황석영

1970년대의 대표적인 베스트셀러 소설가 최인호와 같은 시기에 등장한 황석영은 최인호 못지 않은 베스트셀러 작가이지만 작품 경향은 전혀 다릅니다. 최인호가 개인의 내면의식에 집중한 반면, 황석영은 사회구조적인 문제에 관심을 기울이고 있는데, 권영민(2013)은 이렇게 분석합니다.

황석영이 추구하고 있는 세계는 개인과 사회의 조화로운 삶과 거기서 구현되는 삶의 총체성의 의미이다. 이러한 문제의식은 당대의 현실에서 새롭게 사회적 문제성을 지닌 집단으로 등장하고 있는 노동 계층에 대한 관심으로부터 기인한 것이다. 황석영은 노동 계급의 성장이나 상승 자체만을 주장하는 이념주의자는 아니다. 그는 이 새로운 문제의 계층이 사회로부터 소외되지 않고 자신들의 삶을 건강하게 꾸려갈 것을 소망한다. 그러므로 그는 소외된 자들이 겪는 고통을 한국 사회가 겪는 시대적인 아픔으로 간주하고 그들의 내면에 자리하고 있는 인간적인 진실과 삶에 대한 강한 의욕을 늘 강조한다.

최인호는 특정한 계층을 대상으로 하는 것이 아니라 인간 자체 또는 개별화된 주체로서의 인간의 문제를 고심한다. 산업화의 과정에서 등장한 인간의 소외 문제라든지 문화 자체의 대중화 경향과 그 소비주의적 성향 등이 어떻게 개인적인 삶을 황폐하게 하는가를 주목한다. 그러므로 최인호는 현실 사회의 변화 과정에 절망하면서 타락하는 인간의 운명에 집요한 관심을 보인다. 이 같은 경향 때문에 최인호의 문학은 이성이라든지 역사의식과는 거리가 있는 일종의 개인적 도피 성향을 보여준다. 특히 인간의 내적 불안을 예리하게 투사하고 있기 때문에 오히려 인간과 인간의 진정한 사회관계를 다분히 감상적이고 어떤 경우에는 추상적인 감각으로 해소시키는 경우도 있다.

나아가 이처럼 대비되는 두 작가의 경향은 이후 새로운 비평적 담론의 대상이 되어 범문단적으로 확산되는데, 그 이유는 이렇습니다 (권영민, 2013).

민족문학론이라는 비평적 담론을 중심으로 전개된 리얼리즘론이 황석영적인 경향을 집중적으로 조명하면서 민중주의를 강조하였으며, 최인호적 경향은 대중문화론을 통한 문화주의적 지향을 중심으로 새로운 문학적 담론을 형성하게 되었기 때문입니다. 이 두 가지의 소설적 경향과 이에 대응하는 비평적 담론의 전개 양상은 실상 리얼리즘 문학과 모더니즘 문학의 분화와 그 갈등을 의미합니다.

두 작가의 경향 차이만큼이나 생애와 활동 양상도 크게 다릅니다. 두 살 차이의 두 작가는 고등학교 때에 문학적 재능을 발휘하여 문단에 등단하고 등단 초기에 신문 연재소설 작가로 활약한 점은 공통적이지만, 삶의 궤적은 전혀 다릅니다. 최인호는 평탄한 삶을 영위하며 20대부터 베스트셀러 작가로서 부와 명성을 누릴 수 있었습니다. 황석영 역시 작가로서의 명성은 크게 누렸지만, 수난과 격변의 한국 현대사를 거칠게 체험하며 새로운 시대를 문학으로 또는 온몸으로 개척해 왔습니다. 최인호는 암투병 끝에 2013년 68세의 나이로 세상을 떠났지만, 황석영은 현재 고령에도 불구하고 역사의 현장을 지키며 미래 세대를 위한 새로운 문학을 모색하고 있습니다.

황석영은 식민지 시절인 1943년 일본제국주의 침략의 한복판, 만주국의 수도 장춘에서 태어났는데, 1945년 해방을 맞아 외가가 있는 평양을 갔다가 1947년 월남하여 서울 영등포에 정착합니다. 그러나, 곧이어 터진 6·25전쟁으로 피난지를 전전하다가 1956년 경복중학교, 1959년 경복고등학교에 입학합니다. 고교 시절, 학원문학상을 받는 등 재능을 드러냈지만 3학년으로 올라가지 못하고 낙제를 하게 되자 창피해서 자퇴하고 남도지방을 방랑합니다. 이때의 경험을 살려 쓴 작품이 단편 〈입석부근〉인데, 이 작품으로 1962년 《사상계》 신인문학상을 받게 됩니다. 당시 《사상계》 신인문학상은 신문사 공모 신춘문예보다 경쟁이 더 치열했다고 합니다. 황석영의 작품을 본 심사위원들은 작품 분위기가 원숙하여 40대의 중년이 쓴 것으로 알았는데, 시상식장에 어린 고교생이 나타난 것을 보고 놀랐다고 합니다.

황석영은 고교를 자퇴한 청년으로 등단은 하였지만, 그의 방황은 계속 이어집니다. 전국을 떠돌며 공사장이나 노동판에서 닥치는 대로 일합니다. 한때, 절에서 행자(行者) 노릇을 하다가 수소문 끝에 아들을 찾아 온 어머니의 손에 이끌려 집으로 돌아옵니다. 1966년 해

병대에 입대하여 청룡부대 제2진으로 베트남에 파병됩니다. 군에서 제대한 뒤인 1970년 《조선일보》 신춘문예에 단편 〈탑〉이 당선되고, 동국대학교 철학과를 중퇴합니다. 이후 왕성한 작품 활동을 시작합니다. 같은 해 단편 〈돌아온 사람〉, 다음 해인 1971년 단편 〈가화〉, 〈줄자〉, 중편 〈객지〉, 1972년 단편 〈아우를 위하여〉, 〈낙타 누깔〉, 〈이웃사람〉, 중편 〈한씨 연대기〉, 1973년 단편 〈잡초〉, 〈삼포 가는 길〉, 중편 〈돼지꿈〉, 르포 〈구로공단의 노동실태〉 등을 발표하며 문단의 이목을 집중시킵니다.

특히, 중편 〈객지〉는 한국 문학사에서 노동 현장을 문학의 중심으로 삼았다는 데에서 획기적인 작품이라 할 수 있습니다. 채호석(2009)은 그 내용을 다음과 같이 정리합니다.

〈객지〉는 떠돌이 노동자의 삶을 그리고 있습니다. 간척지에서 일하는 떠돌이 노동자가 주인공이지요. 간척지라는 노동 현장의 특수성, 그리고 떠돌이 노동자의 특성이 맞물려 있는 이 소설에는, 자본이 어떻게 노동자들을 착취하는지 세세하게 그려집니다. 도저히 저항이 없을 수 없는 상황이지요.

〈객지〉는 이런 착취의 현장과 그에 대한 저항을 리얼하게 그려냅니다. 하지만 이러한 저항은 실패로 돌아가지요. 자본가의 계교 때문이기도 하고, 또 날품팔이 노동자의 성격 때문이기도 합니다. 그러나 다이너마이트를 안고 주인공('이동혁')이 남기는 "꼭 내일이 아니어도 좋다"는 말은 소설을 비장하게 끝맺으면서 또한 미래의 가능성을 기약하고 있습니다.

이 소설의 창작에는 노동자 전태일의 분신자살 사건이 영향을 주었다고 합니다. 임규찬(2003)은 역사적 인물 '전태일'과 문학적 인물 '이동혁'이 참으로 많이 닮았다는 점을 지적한 다음, 황작가가 2000년 『황석영 중단편 전집』을 간행하면서 1970년대 초반 분위기상 누락할 수밖에 없었던 주인공의 분신 부분을 뒤늦게 복원해서 채워 넣었다고 알려줍니다. 그러면서 "이제 양자의 쌍둥이적 성격은 더욱 분명해졌다"라고 주장합니다.

장석주(2009)는 〈객지〉의 성격을 이렇게 파악합니다. "〈객지〉는 1960년대 말, 산업화 바람이 불고 농·어촌이 해체되면서 양산된 떠돌이 노동자들의 생존 조건과 쟁의 과정을 실감나게 묘사한 작품이다. … 기득권 세력의 위악과 노동자들의 생존 의지, 그리고 두 계층의 대립과 갈등을 생생하게 담아낸 한 시대의 보고서다. 이 소설은 '가진 자'들에게 더 많은 부를, '없는 자'에게는 생존의 위기를 떠안기는 한국사회의 구조적 모순을 날카롭게 파헤친 1970년대의 문제작이다." 나아가, 황석영을 '당대 사회의 변화상을 꿰뚫고 이를 사실주의 문체로 형상화해 1970년대를 자신의 연대로 만들어버린 작가'라고 평가합니다.

〈객지〉와 다른 단편을 합친 황석영의 작품집이 1974년 '객지'라는 이름으로 출간됩니다. 당시 우리 출판은 연간 발행종수가 3,000종에도 미치지 못했고 전집류가 출판시장을 장악하고 있을 때였지요. 서점 경기도 아직 활성화되지 못했습니다. 그러나 『객지』의 출판은 최인호의 책과 함께 출판시장의 흐름을 바꾸어 놓는 계기가 됩니다. 황석영(2017)도 당시 상황을 이렇게 말합니다. "내 첫 번째 소설집 『객지』가 창작과비평사에서 나왔다. 바야흐로 단행본 시대의 효시나 마찬가지였다. 민음사와 문학과지성사에서도 뒤이어 창작집 단행본 발간을 시작했지만 이게 서점에 깔리면 찾는 사람이나 있을지 전혀 가늠할 수 없던 시대였다. 그러나 내 소설집은 학생들 사이에 빠른 속도로 퍼져나가기 시작했다."

1974년 소설집 『객지』 출판을 통하여 베스트셀러 작가 대열에 들어선 황석영은 같은 해 7월 『장길산』을 《한국일보》에 연재하기 시작합니다. 이 시기는 최인호의 연재소설 『별들의 고향』(《조선일보》), 『바보들의 행진』(《일간스포츠》) 등이 커다란 인기를 얻고 있던 무렵입니다. 『장길산』 연재는 10년 간 계속되어 1984년 7월 대단원의 막을 내립니다.

『장길산』은 17세기 숙종 시대의 실제 인물이었던 광대 장길산을 주인공으로 그의 의적 활동과 민중운동을 그려낸 소설입니다. 이 소설이 1970년대와 1980년대 군부 독재 시기에 연재되면서, 황석영은 여러 측면에서 커다란 주목을 받게 됩니다(오태호, 1998).

첫째, 『장길산』은 일제강점기에 벽초 홍명희가 지은 대하역사소설 『임꺽정』을 잇는 민중사관의 소설적 작업이라는 점, 둘째, 70년대 사학계의 활발한 고증에 힘입어 사료 속에서만 존재하던 인물을 현대적으로 재해석해 내었다는 점, 셋째, 70년대 순수·참여 논쟁과 80년대 민족문학 주체 논쟁을 작품을 통해 실천적으로 극복하며, 문학과 사회와의 시대적 관계에 대해 문제를 제기한 작품이라는 점, 넷째, 중간에 연재 중단이 있기는 했지만 신문 연재소설로 10년이 넘게 작가가 집요한 노력을 기울인 점, 다섯째, 영웅적 개인의 일대기가 아닌 각계각층의 인물들을 등장시켜 주인공으로 삼음으로써 작품 속에서 '민중성의 구현'을 이뤄내고 이론이 아닌 실체로서의 '민중'을 작품 속에 형상화하고 있는 점 등입니다.

개발 독재의 시대였던 70년대와 군부 독재의 시대였던 80년대라는 당대적 의미를 그 안에 품고 탄생한 『장길산』은 문학과 당대 사회와의 관계라는 문학사회학적 측면에서뿐만 아니라 작품 내적 측면에서도 탄탄한 이야기 구성력으로 가치를 인정받고 있습니다.(오태호, 1998).

최원식(1997)은 『장길산』이 『홍길동전』과 『임꺽정』을 잇는 의적소설의 계보라는 점을 들고, 『장길산』을 '남한 최고의 역사소설'이라고 극찬하면서 "이 작품은 70·80년대 남한 진보운동의 집단적 초상, 바로 우리들의 얼굴이었다"라고 주장한 바 있습니다. 황광수(2003)는 황석영의 『장길산』과 홍명희의 『임꺽정』을 보다 구체적으로 비교합니다. 우선 두 작품이 나온 시대 상황과 작품의 동기가 유사하다고 말합니다.

『장길산』이 나온 1974년은 한국사회에서 독재체제가 굳어진 시기였고, 『임꺽정』이 나온 1929년은 신간회운동이 끝장난 일제강점기입니다. 두 시대 모두 조직적인 혁명운동이 불가능할 만큼 엄혹한 시대였기에 패배주의적 분위기가 사회심리를 어둡게 지배하고 있었고,

따라서 민족·민중의 삶에 저항의 싹을 틔우려면 대중의 관심과 힘을 결집할 수 있는 담론이 절실히 요구될 수밖에 없었습니다. "이런 점에서 『임꺽정』과 『장길산』은 두 작가들에게 암울한 시대에 대한 저항적 기호로 다가왔고, 그들의 작품세계는 자신들이 몸담고 있는 시대에 대한 은유로서의 생동하는 힘을 내장할 수 있게 되었다"라고 황광수는 주장합니다. 그에 의하면, 홍명희가 『임꺽정』을 "사건이나 정조로나 모두 남에게서는 옷 한 벌 빌려 입지 않고 순조선 거로" 만 듦으로써 일제강점기에 '민족혼'을 불러일으키려는 깊은 뜻을 세우고 있었듯이, 황석영은 『장길산』 속에 박정희의 유신체제에 맞설 만큼 강력한 민중성을 역사적 주체로 일으켜 세우기 위한 의지를 담아내려 했던 것입니다.

또한, 강영주(1997)는 『장길산』이야말로 등단 초기부터 중·단편들을 통해 민주화와 통일을 지향하는 우리 시대 민중들의 삶과 투쟁을 형상화해 온 작가가 이러한 현대 민중운동의 전사(前史)로서 봉건왕조를 타도하고 근대적인 시민사회와 민족 국가의 수립을 위해 분투한 조선후기 민중들의 동향을 소설화하려 했던 작품이라고 주장합니다.

『장길산』은 대하역사소설이기 때문에 당시 상황에 대한 방대한 조사 연구가 이루어져야 가능했습니다. 자료비도 크게 들 수밖에 없었습니다. 연재를 권유한 《한국일보》의 장기영 회장은 황석영에게 당시 집 한 채 값에 해당되는 자료비를 줍니다. 이 소문을 들은 문인 친구들이 모두 달려들어 술을 사라고 하는 바람에, 황석영은 그 돈을 술값으로 다 날려 버렸습니다. 그리고, 장회장에게 자료비를 다시 요구하니, 장회장이 술은 자신의 단골술집에서 마음껏 마시라고 하고, 재차 자료비를 주었다고 합니다('황석영이 밝히는 장길산 연재 10년'《한국일보》, 1998.06.09).

황석영의 술회는 계속 이어집니다. 그 기간은 시국 상황이 잔혹했고 작가에게도 힘든 시기여서 연재도 수시로 끊어졌는데, 장기간의 연재 중단만 해도 다섯 번쯤인 것 같다고 합니다. "한 번은 내가 해남에서의 악조건을 참아내지 못하여 빌다시피 사정하여 6개월인가 쉬었고, 다시 얼마 못 가서 광주로 이사한 뒤 간염으로 쓰러져 입원했고, 10·26 직후에 광주YWCA사건으로 계엄법을 위반하여 상무대 군 감방에 갇히느라고 쉬었으며, 광주항쟁이 일어나고 나서 서울에서 도피하는 동안에 1년여를 쉬었고, 마지막 부분을 쓰면서 다시 1년여를 쉬었다가 가까스로 숨가쁘게 마칠 수가 있었다. … 사회적으로는 군사독재와, 매체로는《한국일보》라는 비교적 리버럴한 신문사가 아니었다면 『장길산』이라는 소설은 완성되지 못했을 것이라고들 한다. 그리고 『장길산』은 또한 나의 인생이었다."

『장길산』 연재 10년 기간 중 황석영은 전국을 무대로 민중문화운동을 벌이기도 합니다(황석영, 2017, 『수인』(2)에 나온 '연보')

1974년 '자유실천문인협의회' 창설에 참여, 1976년 해남으로 이주하여 1977년 '사랑방 농민학교' 시작, 1978년 문화패 '광대' 창설, 민중문화연구소 설립, 광주로 이주, 1979년 위 연구소를 확대 개편한

'현대문화연구소'의 문화운동 부문에 참여, 광주항쟁 이후인 1981
년 제주도로 이주, 문화패 '수눌음'과 소극장 창립, 4·3항쟁 연구모임
인 '제주문제연구소'에 참여, 1982년 광주로 돌아와 '자유 광주의 소
리'(녹음테이프를 매월 만들어 전국에 보급하는 지하 방송) 시작, '임을
위한 행진곡'이 담긴 세 번째 지하 녹음테이프 '넋풀이' 제작 배포,
1983년 광주항쟁의 진상을 알리기 위한 문화기획팀 '일과 놀이'에
참가, 1984년 '민중문화운동협의회' 창설, 공동 대표 역임 등입니다.

황석영은 이렇게 바쁜 와중에도 월남전을 소재로 한 『무기의 그
늘』(1부)을 1983년 1월부터 이듬해 3월까지 《월간 조선》에 연재합니
다. 이 작품은 1988년 장편소설 『무기의 그늘』로 형성사에서 발간되
었지요. 『장길산』(전 10권) 완간 다음 해인 1985년 광주항쟁 보고서
인 『죽음을 넘어 시대의 어둠을 넘어』(이하 『넘어넘어』)가 '전남사회
운동협의회 편, 황석영 기록'으로 도서출판 '풀빛'에서 출간됩니다. 이
책은 문학사를 넘어 한국현대사에서 매우 중요한 역할을 맡게 됩니
다. 즉, 이 책은 '1980년 5월 일어난 광주항쟁'(이하 5·18)에 대한 올
바른 역사적 평가를 하게 되는 바탕이 됩니다. 즉, 5·18이 당시 집권
층이 주장하던 폭동이 아니라 민주화운동으로 바뀌게 된 것입니다.
1997년 5·18 재판을 통하여 전두환·노태우 두 전직 대통령은 사법
적 단죄를 받았고, 5·18은 특별법 제정과 더불어 '민주화운동'으로
명명됩니다. 2011년 5·18 기록물은 '유네스코 세계기록유산'으로 등
재되었지요. 이러한 저간의 사정은 2018년에 나온 개정판 『넘어넘
어』 1권의 '간행의 말'(정상용)에 잘 나와 있습니다. 그 내용을 좀 더

들어봅니다.

5·18에 대한 평가가 여기에 이르기까지 『넘어넘어』도 자그마한 주춧돌을 놓았다. 초판은 1987년 '6월항쟁'의 기폭제가 됐다. 그때까지 5·18의 진실에 목말라하던 국민들에게 큰 충격을 주었다. 책이 발간되자마자 입소문을 타고 '지하 베스트셀러'가 되었다. 수많은 사람들이 숨죽여가며 읽었고, 밤새워 울었다는 이야기들이 여기저기서 들려왔다. 잔혹했던 학살과 처절했던 참상의 전모가 비로소 알려졌기 때문이다. '5·18 진상 규명'요구가 '호헌철폐'와 더불어 6월항쟁을 이끌어가는 핵심동력이 되었다. 20세기말 한국사회의 민주화는 5·18 진상 규명을 기본 축으로 진행되어왔다고 해도 과언이 아니다.

그런데, 1985년 나온 『넘어넘어』의 원고는 5·18 참여자들과 목격자들에 대한 방대한 취재와 기록을 통해서 만들어졌고, 이후 명목상 집필 책임을 져줄 사람과 출판사를 물색합니다. 책이 나오면 집필자와 출판사 대표는 모두 구속될 것이 뻔한 상황이었지요. 이때 풀빛의 나병식 대표와 작가 황석영이 출판과 집필의 책임을 전적으로 감당하기로 합니다. 당시의 상황은 2018년 전면개정판 『넘어넘어』 2권의 서문 '항쟁기록의 또 다른 역사'에 다음과 같이 나와 있습니다.

4월 중순 정용화, 전용호, 이재의, 조양훈이 광주 운암동의 황석영 소설가 자택을 찾아가 타이핑된 복사본 초고를 그에게 넘겼다. 이재의와 조양훈은 황작가에게 초고가 증언과 자료를 토대로 면밀하게 검증되어 기록했으므로 글을 다듬되 내용 수정은 최소한으로 하고 원고 전체를 직접 원고지에 다시 옮겨 써 주라고 요청했다. 출판 이후 들이닥칠 사찰 당국의 탄압에 대비해서 자필 원고를 집필 증거로 사용하기 위한 방책이었다. 황작가는 흔쾌하게 동의하고 곧바로 서울 풀빛출판사 옆 자그마한 여관에서 책이 출판될 때까지 한달 반 이상 두문불출하며 원고를 완성하였다. 본문과 부록은 그대로인 채, 머리말과 서문에 해당하는 '역량의 성숙' 부분을 황작가가 직접 썼다. 독자들이 읽기 수월하게 수많은 소제목도 황작가가 달았다. 제목 '죽음을 넘어 시대의 어둠을 넘어'는 문병란 시인의 〈부활의 노래〉라는 시에서 따왔다.

1985년 5월 20일 『넘어넘어』가 출간됩니다. 황석영은 이 책의 '머리말'에서 5·18의 의미를 이렇게 적습니다.

이제 우리는 우리에게 닥쳐온 80년대의 정세와 앞으로 수행해 나갈 민주화, 통일운동의 명제들을 하나씩 점검해 보면서 80년 5월 그날의 함성이 전 국토에 메아리치고 있는 소리를 듣는다. 이제는 민주화 운동의 제단에 바쳐진 영령들의 뜨거운 피로써 광주정신의 전 민족화를 동시대 사람들에게 갈망해야 한다.

이 책은 출간되자마자 사찰 당국에 의해 2만 권이 통째로 압수당합니다. 그럼에도 책은 당국의 눈을 피해 입소문으로 퍼져나가면서

몰래 판매가 이루어졌고, 베스트셀러가 됩니다. 이때 많은 서점 주인들이 책 때문에 붙잡혀가 수난을 겪기도 했지요. 이 일로 나병식 사장은 구속되어 재판을 받았고, 황석영 작가는 수사만 받은 뒤 곧바로 풀려납니다. 왜냐하면 유명 작가를 재판하게 되면 광주 학살의 진상이 널리 알려질 것이 두려워 국내에 머물지 않는다는 조건으로 석방한 것입니다. 이후 황석영은 독일 베를린에서 열린 '제3세계 작가대회'에 참석했고 그 후 유럽, 미국, 일본 등지를 순방하며 광주항쟁을 알리는 활동에 나섭니다.

그리고 1989년 3월 북한의 '조선문학예술총동맹'의 초청으로 방북합니다. 당국의 허가를 받지 않은 불법이었지요. 황석영은 북한에서 자신이 어릴 적 자란 고향도 둘러보고, 김일성과 만나고, 『임꺽정』의 저자 홍명희의 손자와도 대화를 나눕니다. 북한 방문 이후 황석영은 귀국하지 못하고 독일과 미국에 머물게 됩니다. 독일에서는 1989년 5월부터 1991년 11월까지 체류하며 남·북·해외동포가 망라된 '조국통일범민족연합'(Pan Korea Alliance For Reunification) 창립에 주도적으로 참여, 대변인으로 활동한 바 있고, 1991년 11월부터 1993년 4월까지 미국 롱아일랜드 대학에 교환교수로 초청받아 체류합니다. 미국 체류 시 뉴욕에서 '동아시아문화연구소'를 설립하고 대표를 역임하기도 합니다.

1993년 4월 민족문학작가회의 요청을 받아들여 4년 만에 귀국을 단행하지만, 한국 도착 즉시 국가보안법 위반 혐의로 체포되고 재판에 넘겨져 징역 7년형을 선고받습니다. 복역 중 김대중정부 등장 이후인 1998년 3월 사면으로 5년간의 감옥생활을 끝내고 석방됩니다. 그 사이 1989년 북한 방문기 『사람이 살고 있었네』가 《신동아》와 《창작과비평》에 연재된 바 있고, 1993년 9월 '작가황석영석방대책위원회' 엮음, 황석영 지음으로 시와사회사에서 같은 제목의 단행본으로 발행됩니다. 황석영 수감 중 전세계의 인권단체와 문학예술단체 및 국내외 수많은 인사들이 그의 석방을 촉구하는 운동을 벌였고, 이 책의 출간도 그 일환이었습니다. 시인 신경림, 문학평론가 염무웅, 화가 강연균, 작가 김원일 등이 공동위원장을 맡은 작가황석영석방대책위원회는 이 책의 서문에서 이렇게 주장합니다.

> 흔히 작가 황석영을 가리켜 '우리 시대 최고의 리얼리스트 작가', '현장 중심의 철저한 문학운동가'라고 부릅니다. 그는 항상 현장의 중심에 있었고 그가 선택한 역사적 입장이 항상 옳았다는 것은 지난 시대 우리 역사를 통해 명백히 확인되고 있습니다. … 분단 모순을 척결하려고 노력해야 할 분단시대 남한의 작가로서 통일을 절실하게 바라며, 또한 실천할 의무를 지닌 채 작가 황석영은 몸소 방북했고, 마침내 다시 우리 곁으로 돌아온 그의 실천적 행위는 우리의 민족문학사와 통일운동사에 있어 마땅히 높이 평가받아야 한다고 생각합니다.

황석영은 옥중서신(1993. 8. 29)을 통하여 자신의 구명을 위해 애써 주는 분들에게 깊은 감사를 전하고, 우리 사회 속에 깃든 '분단의 내면화'를 지적하면서 이렇게 말합니다. "여러분! 분발합시다. 우리는

226

세계사의 대단원을 해결하고 이를 새로운 신명의 방식으로 지구 전체에 되돌려줄 사명을 가진 오늘 이 땅의 '작가들'입니다."

황석영은 1998년 3월 석방 이후 『오래된 정원』(2000년), 『손님』(2001), 『심청』(2003), 『바리데기』(2007), 『강남몽』(2010), 『낯익은 세상』(2011), 『여울물소리』(2012), 『해질 무렵』(2015) 등의 장편소설을 출간합니다. 이 때의 소설들은 『심청』, 『오래된 정원』, 『바리데기』 등에서 보듯이 그 무대와 주제가 동아시아와 세계사로 확장됩니다.

한편, 황석영은 2003년 『삼국지』(전 10권)를 번역했고, 지난 100년 간 발표된 한국 소설 작품 중에서 가려 뽑은 단편 소설 101편과 해설을 담은 『황석영의 한국 명단편 101』을 2015년 펴냈습니다. 또한,

『바리데기』   『강남몽』

2004년 2월부터 2년간 '한국민족예술인총연합'의 이사장을 역임했고, 2004년 4월부터 2007년 11월까지 런던대학과 파리7대학 초청을 받아 런던과 파리에 거주하기도 했습니다.

2001년부터 현재까지 아시아, 유럽, 미주, 남미 등 세계 18개국에서 71종의 황석영 저서가 번역 출판된 바 있습니다. 1970년대에 한국의 노동 현실을 다룬 작품으로 베스트셀러 작가가 되어 한국 출판 시장을 크게 확장했던 황석영은 그 후 베트남전쟁, 5·18 광주항쟁, 북한 방문, 해외에서의 민주화와 통일운동 등 다양한 역사의 현장 속으로 깊숙이 들어가 치열한 작품 활동을 했고, 사초와도 같은 중요한 기록들을 남겼습니다. 그는 21세기의 오늘날에도 지구 전체를 무대로 하는 작품들을 통하여 소중한 메시지를 세계인들에게 전하며 미래를 선도해 나가는 작가라 할 수 있습니다.

참고 문헌

강만길(2006).《고쳐 쓴 한국 현대사》, 파주 : ㈜창비.

강소연(2006).《1960년대 사회와 비평문학의 모더니티》, 서울 : 역락.

강영주(1997). "《장길산》과 역사적 진실성의 추구", 이남호 편,《한국 대하소설 연구》, 서울 : 집문당.

강주진(1974). "출판의 왕좌",《세월도 강산도 – 최영해선생 화갑기념 송사집(頌辭集)》, 서울 : 정음사.

고정일(2012).《한국출판 100년을 찾아서》, 서울 : 정음사.

광주민주화운동기념사업회 엮음, 황석영·이재의·전용호 기록(2018). 전면개정판《죽음을 넘어 시대의 어둠을 넘어》1·2, 파주 : (주)창비.

교육타임스 편집부(2015). "삶 자체가 철학인 이 시대의 참 스승", 〈교육과 사색〉, 2015년 8월.

국립청주박물관 편저(2005).《해방공간의 도서들》, 청주 : 국립청주박물관.

권두연(2009). "신문관 단행본 소설과 신문예운동", 육당연구학회 엮음,《최남선 다시 읽기》, 서울 : 현실문화.

권보드래(2001). "연애의 형성과 독서", 〈역사문제연구〉, 제7호.

권영민 편(2004).《한국현대문학대사전》, 서울 : 서울대학교출판부.

권영민(2013),《한국현대문학사 1945~2000》, 서울 : 민음사.

김강식(1992).《한하운시 연구》, 경희대학교 대학원 국어국문학과 국문학 전공 석사학위논문.

김경양(1998).《최인호의 신문연재소설 연구 – '별들의 고향', '바보들의 행진'을 중심으로》, 서울여자대학교 대학원 국어국문학과 현대소설전공 석사학위논문.

김남수 외(2012).《100년 전의 한국사》, 서울 : (주)휴머니스트출판그룹.

김명준(2001).《한국 분단소설 연구 : '광장'·'남과 북'·'겨울골짜기'를 중심으로》, 단국대학교 대학원 국어국문학과 박사학위논문.

김미영(2003).《1920년대 여성 담론 형성에 관한 연구 – '신여성'의 주체 형성과정을 중심으로》, 서울대학교 대학원 국어국문학과 국문학 전공 박사학위논문.

김민정(2005).《이어령 수필문학의 근대성과 탈근대성》, 충북대학교 대학원 국어국문학과 현대문학전공 석사학위논문.

김병익(1977). "70년대 신문소설의 문화적 의미", 〈신문연구〉, 1977년 가을.

김병익(1989). "한글세대와 한글문화", 〈한국논단〉, 10월호.

김옥란(2004). "근대 여성 주체로서의 여학생과 독서체험", 〈상허학보〉, 제13집.

김진균 외(1985). "토론·분단시대의 지식인과 민중",《한국사회연구3》, 서울 : 한길사.

김창집(1949). "출판계의 4년",《출판대감》, 서울 : 조선출판문화협회.

김현(1993).《김현예술기행/반고비 나그네 길에 :김현문학전집 13》, 서울 : 문학과지성사.

김형석(1960).《고독이라는 병》, 서울 : 동양출판사.

김형석(1961).《영원과 사랑의 대화》, 서울 : 삼중당.

김형석(2015).《예수–성경 행간에 숨어 있던 그를 만나다》, 고양 : 이와우.

대한출판문화협회(1979).《한국출판연감》, 서울 : 대한출판문화협회.

대한출판문화협회(1987),《대한출판문화협회40년사》, 서울 : 대한출판문화협회.

류철균(2001). "발화점을 찾아서–초기 소설 창작과 창작론을 중심으로", 김윤식 외,《상상력의 거미줄–이어령 문학의 길찾기》, 서울 : 생각의나무.

민병덕(1989),《한국근대신문연재소설연구》, 성균관대학교 대학원 국어국문학과 국문학 전공, 박사학위논문.

박기성(1988).《문화커뮤니케이션과 대중문화》, 서울 : 평민사.

박몽구(2006). "모더니즘 기법과 비판 정신의 결합", 〈한국학논집〉, 제40호.

박몽구(2008). "해방 이후 한국전쟁 이전 시기 미확인 출판물 연구", 〈한국출판학연구〉, 제55호.

박상만(1959).《한국교육사》(하), 서울 : 대한교육연합회.

박숙자(2017). "해방 후 한글세대의 독서체험과 글쓰기", 〈어문론총〉, 제71호.

박용찬(2012). "1950년대 대구의 문학공간 형성과 출판매체", 〈국어교육연구〉, 제51집.

방정배(1988). 《자주적 말길이론》, 서울 : 나남.

방효순(2001). 《일제시대 민간 서적발행활동의 구조적 특성에 관한 연구》, 이화여자대학교 문헌정보학과 박사학위논문.

백운관·부길만(1992). 《한국출판문화 변천사》, 서울 : 타래.

부길만(1991). 《한국 도서출판물 유통에 관한 사적(史的) 고찰》, 중앙대학교 신문방송대학원 석사학위논문.

부길만(2011). "제1공화국 시기의 출판에 관한 고찰", 〈출판잡지연구〉, 제19호.

부길만(2013a). "개화기 선교사들의 한글 연구와 활용", 《배재학당역사박물관 연구집 6: 스물여덟자의 놀이터 한글 보급과 배재학당》, 서울 : 배재학당역사박물관.

부길만(2013b). 《출판기획물의 세계사 1》, 서울 : 커뮤니케이션북스.

부길만(2014). 《한국출판의 흐름과 과제 1》, 서울 : 시간의물레.

서영채(2011). 《아첨의 영웅주의 : 최남선과 이광수》, 서울 : 소명출판.

서중석(2007). 《한국현대사 60년》, 서울 : 역사비평사.

송우혜(2012). 《평민이 된 왕 이은의 천하》, 서울 : 푸른역사.

심재욱(2015). "1970년대 증상으로서의 대중소설과 최인호 문학 연구", 〈국어국문학〉, 제171호.

안수민(2015). 《1960년대 에세이즘 연구》, 연세대학교 대학원 국어국문학과 석사학위논문.

안춘근(1962. 12. 26). "출판계 : 62년의 백서", 〈동아일보〉.

안춘근(1987). 《한국출판문화사대요》, 서울 : 청림출판.

양평(1985). 《베스트셀러 이야기》. 서울 : 우석.

양평(2001). "베스트셀러로 본 우리 출판 100년", 이중한 외, 《우리 출판 100년》, 서

울 : 현암사.

오경호(1984). "한국의 문고본 출판 방향 소고", 〈'84 출판학연구〉.

오태호(1998).《황석영의 "장길산" 연구》, 경희대학교 대학원 국어국문학과 석사학
　　위논문.

윤금선(2009).《우리 책읽기의 역사 1》, 서울 : 도서출판 월인.

《을유문화사 출판 60년》(2005). 서울 : 을유문화사.

이강수(1984). "도서출판의 전문성에 대한 고찰", 〈'84 출판학연구〉.

이강수(1988).《한국대중문화론》, 서울 : 나남.

이경산(1973). "출판물의 판매윤리", 〈출판문화〉, 1973년 2월.

이경훈(1988).《책은 만인의 것》, 서울 : 보성사.

이기훈(2001). "독서의 근대, 근대의 독서 : 1920년대의 책읽기", 〈역사문제연구〉,
　　제7호.

이덕일(2012).《근대를 말하다》, 고양 : 위즈덤하우스.

이병주(2001). "동서(東西)의 복안(複眼)적 시점", 김윤식 외,《상상력의 거미줄-이
　　어령 문학의 길찾기》, 서울 : 생각의나무.

이복규(2003).《설공찬전 연구》, 서울 : 박이정.

이봉범(2012). "1950년대 번역 장의 형성과 문학 번역 – 국가권력, 자본, 문학의 구
　　조적 상관성을 중심으로", 〈대동문화연구〉, 제79집.

이세기 외(1993).《영원한 기억 속의 작은 이야기-이화인 41인이 말하는 이어령 교
　　수의 옆모습》, 서울 : 삼성출판사.

이수향(2010).《이어령 문학 비평 연구》, 서울대학교 대학원 국어국문학과 현대문학
　　전공 석사학위논문.

이어령(1963).《흙 속에 저 바람 속에》, 서울 : 현암사.

이어령(1986).《축소 지향의 일본인》, 서울 : 기린원.

이어령(2002).《흙 속에 저 바람 속에-증보, 그 후 40년》, 서울 : 문학사상사.

李鍊(2002).《朝鮮言論統制史-日本統治下朝鮮の言論統制》, 東京 : 信山社出版株式會社.

이임자(1998).《한국 출판과 베스트셀러, 1883~1996》, 서울 : 경인문화사.

이재선(2011).《이광수문학의 지적 편력》, 서울 : 서강대출판부.

이종국(2005), "개화기 출판활동의 한 징험-회동서관의 출판문화사적 의의를 중심으로", 〈한국출판학연구〉, 제49호.

이주영(1996.5.5). "미래의 발목 잡는 17세기 서양동화들", 〈출판저널〉, 191호.

이중연(2001).《책의 운명》, 서울 : 혜안.

이중연(2005).《책, 사슬에서 풀리다 – 해방기 책의 문화사》, 서울 : 도서출판 혜안.

이중한 외(2001).《우리 출판》, 서울 : 현암사.

이태숙(2009). "1920년대 '연애' 담론과 기획출판 -《사랑의 불꽃》을 중심으로", 〈한국현대문학연구〉, 제27호.

이한우(1995).《우리의 학맥과 학풍 – 한국 학계의 실상》, 서울 : 문예출판사.

임규찬(2003). "《객지》와 리얼리즘", 《황석영 문학의 세계》, 파주 : (주)창비.

임종국(1985).《일제하의 사상탄압》, 서울 : 평화출판사.

임헌영(1986).《민족의 상황과 문학사상》, 서울 : 한길사.

작가황석영석방대책위원회 엮음, 황석영 지음(1993).《황석영 북한 방문기 사람이 살고 있었네》, 서울 : 시와사회사.

장서연(1998).《1970년대 대중소설 연구》, 동덕여자대학교 대학원 국어국문학과 국문학 전공 석사학위논문.

장석주(2000).《20세기 한국문학의 탐험》, 서울 : 시공사.

장석주(2009).《나는 문학이다》, 고양 : 나무이야기.

전남사회운동협의회 편, 황석영 기록(1985).《죽음을 넘어 시대의 어둠을 넘어》, 서울 : 풀빛.

정복화(2000).《해방 이후 한국 아동전집 출판에 관한 역사적 고찰-아동전집 출판 기획을 중심으로》, 동국대학교 언론정보대학원 출판잡지학과 석사학위논문.

정진숙(1985.3.15). "출판의 길 40년", 〈중앙일보〉.

정진숙(2007).《출판인 정진숙 : 을유문화사 창립자 정진숙의 출판 인생》, 서울 : 을유문화사.

조남현(2002).《한국 현대문학사상 논구》, 서울 : 서울대학교 출판부.

조대형(1988).《미군정기 출판연구》, 중앙대학교 신문방송대학원 석사학위논문.

조상호(1997). "1970년대 해직 언론인의 언론적 기능으로서의 출판 활동에 관한 연구", 〈한국언론학보〉, 제42-1호.

조용만(1975). "여명을 밝힌 박식 최남선",《근대화의 선각자 9인》, 서울 : 신구문화사.

주상희(1992).《한국 철학서적 출판에 대한 실태 분석》, 중앙대 신문방송대학원 출판잡지 전공 석사학위논문.

채호석(2009),《청소년을 위한 한국현대문학사》, 서울 : 두리미디어.

천정환(2003).《근대의 책읽기 : 독자의 탄생과 한국 근대문학》, 서울 : 푸른역사.

천정환(2005). "주체로서의 근대적 대중독자의 형성과 전개", 〈독서연구〉, 제13호.

천정환(2008). "1920년대 독서회와 사회주의 문화", 〈대동문화연구〉, 제64호.

최원식(1997). "남한 진보운동의 집단적 초상-장길산 소론",《생산적 대화를 위하여》, 서울 : 창작과비평사.

최준(1964). "한국의 출판연구(1922~1945년)",《논문집》, 제9집, 중앙대학교.

《출판대감》(1949). 서울 : 조선출판문화협회.

하동호(1981).《한국근대문학의 서지연구》, 서울 : 깊은샘.

《한국사회연구 3》(1985). 서울 : 한길사.

한국은행(1973).《한국의 국민소득》, 서울 : 한국은행.

한만수(2012). "문학이 자본을 만났을 때, 한국 문인들은? : 1930년대 문예면 증면과 문필가협회 결성을 중심으로", 〈한국문학연구〉, 제43집.

한보성(2014).《김현 '문학주의'와 한국문학사 서술연구》, 성균관대학교 일반대학원 국어국문학과 석사학위 논문.

호영송(2013).《창조의 아이콘, 이어령 평전》, 서울 : 문학세계사.

황광수(2003). "텍스트로서의 〈장길산〉과 미륵세상",《황석영 문학의 세계》, 파주 :

(주)창비.

황국명(2010). "이광수의 삶과 문학", 황국명 엮음, 이광수 지음,《무정》, 서울: 현대문학.

황석영(2017).《수인》1·2, 파주 : (주)문학동네.

황종수(1990).《나의 출판소화》, 서울 : 보성사.

H. B. Hulbert(1906).《The Passing of Korea》, 신복룡 역(1984).《대한제국멸망사》, 서울: 평민사.

찾아보기

우리 책과
한국 현대사 이야기(개정판)

개정판 1쇄 인쇄 2023년 7월 5일
개정판 1쇄 발행 2023년 7월 10일

지은이 부길만
펴낸이 이윤규

펴낸곳 유아이북스
출판등록 2012년 4월 2일
주소 서울시 용산구 효창원로 64길 6
전화 (02) 704-2521
팩스 (02) 715-3536
이메일 uibooks@uibooks.co.kr

ISBN 979-11-6322-098-5 03000
값 16,000원